Cordula Neuhaus

Hat unser Kleinkind AD(H)S?

Symptome und Wege für Kinder von 0–3 Jahren

urania

Cordula Neuhaus ist eine international anerkannte Expertin für AD(H)S. Sie arbeitet als Diplom-Psychologin und Diplom-Heilpädagogin sowie Verhaltenstherapeutin. Seit über 30 Jahren beschäftigt sie sich mit Wahrnehmungsstörungen: in eigener Praxis für Kinder, Jugendliche und Erwachsene in Esslingen/ Neckar und als Dozentin, Supervisorin und Lehrtherapeutin u.a. am Kolleg-DAT e.V. in Münsingen (Kolleg zur Fort- und Weiterbildung in Diagnostik und alltagswirksamer Therapie bei ADHS und Comorbiditäten, www.dat-adhs.de) sowie als Autorin. Ihre Bücher wurden in mehrere Sprachen übersetzt.

Aktualisierte Neuausgabe 2013

Bisheriger Titel: Das hyperaktive Baby und Kleinkind.
Symptome deuten – Lösungen finden

www.urania-verlag.de; www.herder.de

Umschlaggestaltung: Verlag Herder
Umschlagmotiv: © cohelia - Fotolia.com
Fotos: Photodisc
Redaktion: Jeanette Stark-Städele
Satz: Thoms BuchDesign, Berlin
Herstellung: Graspo, Zlín
Printed in the Czech Republik

ISBN 978-3-451-66035-1

Hat unser Kleinkind AD(H)S?

Inhalt

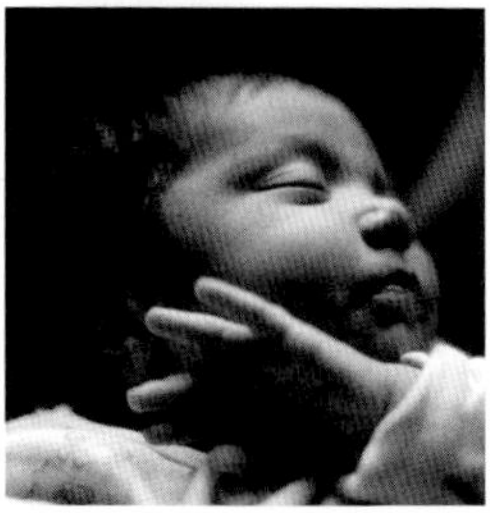

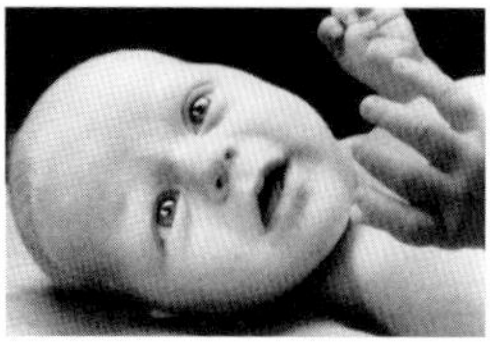

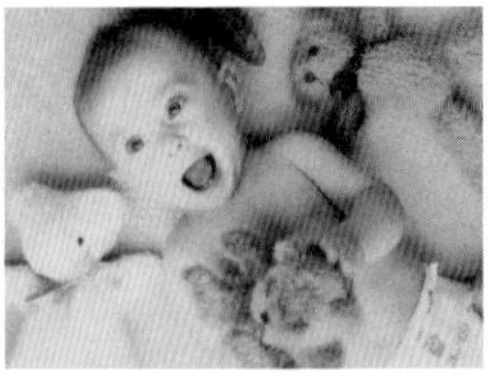

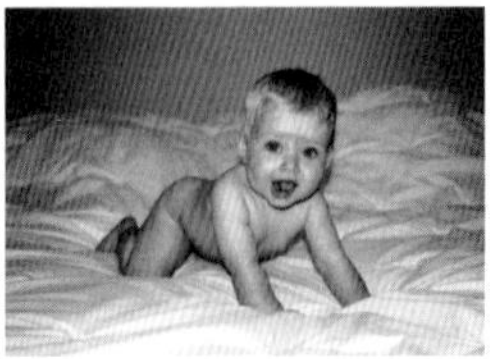

Einleitung

„Warum hat man uns das denn nicht schon früher erklärt?"

So lautet ein häufig gehörter Stoßseufzer eines Vaters nach der Erläuterung der bisher bekannten Hintergründe von ADHS bei der Diagnosestellung. Auf einmal machen so viele eigenwillige Verhaltensweisen des heute 15-jährigen Jugendlichen „Sinn" …

Der Familienvater einer intakten Familie mit drei Kindern, in gesicherten Verhältnissen lebend, schildert:

„Wir hatten unser erstes Kind wirklich ganz romantisch geplant. Wir waren ein Jahr verheiratet, meine Frau hatte den Beruf an den Nagel gehängt, um voll für das Kind da zu sein. Es gab weder bei ihr noch bei unserem Sohn irgendwelche gesundheitlichen Schwierigkeiten, aber irgendwie konnte sich unser Kind von Anfang an einfach nicht beruhigen. Meine Frau war den ganzen Tag mit dem Kind beschäftigt, saß manchmal abends noch im Morgenrock da."

In der jahrelangen Arbeit mit Familien, deren Kinder früher oder später die Diagnose ADHS erhielten und in denen sich immer häufiger auch ein oder gar beide Elternteile „outeten", wurde ich immer sensibler für die Berichte über die „ganz Kleinen".

Aus meiner früheren Arbeit in einer Abteilung für Neuropädiatrie daran gewöhnt, grundsätzlich sehr sorgfältige Schwangerschafts- und Geburtsanamnesen zu erheben und speziell auf Risikofaktoren zu achten, zeigte sich mir bald, dass nur etwa ein Drittel der Kinder mit ADHS nach Schwangerschaften auf die Welt kam, die durch vorzeitige Wehen, übermäßiges Erbrechen der Mutter, so genannte „Schwangerschaftsvergiftungen", Infektionen oder Stürze kompliziert worden waren.

Bei den Berichten über zum Teil extreme Frühgeburtlichkeit, aber auch Geburtskomplikationen (z. B. Kaiserschnitt wegen eines Geburtsstillstands am Beckenboden o. Ä.) zeigte sich, dass diese Kinder offensichtlich zum Teil verblüffend zäh zu sein scheinen und, bis auf wenige Ausnahmen, diesen Stress am Beginn ihres Lebens offensichtlich recht gut überstanden hatten.

Manche Babys waren dann verständlicherweise nicht ganz pflegeleicht und benötigten beispielsweise vorübergehend auch Krankengymnastik oder später Entwicklungsförderung.

Keineswegs muss bei einem ADHS-Kind schon die Schwangerschaft belastet sein.

Viele später diagnostizierte Kinder kommen durchaus erwünscht, manchmal heiß ersehnt, zufällig – und natürlich auch manchmal unerwünscht – zur Welt, nach völlig komplikationsloser Schwangerschaft und Geburt. Manche waren schon im Bauch unruhig, waren dann ab ihrem ersten Lebenstag sehr anstrengend und wurden schnell zu einer Herausforderung für die gesamte Umgebung. Natürlich gibt es Mütter von später mit ADHS diagnostizierten Kindern, die während der Schwangerschaft rauchten, Alkohol tranken, Drogen nahmen (mit z. T. entsprechenden Folgen für das Kind) – aber es sind offensichtlich längst nicht so viele, wie immer wieder vermutet wird.

ADHS – eine noch immer heiß diskutierte Diagnose

Derzeit wird in Deutschland die Diagnose ADHS leider, vor allen Dingen im Zusammenhang mit der medikamentösen Behandlung unter ärztlichen und therapeutischen Fachleuten wie auch öffentlich, z. T. äußerst kontrovers diskutiert.

Erschreckend und verunsichernd für die oft jahrelang nach effektiver Hilfe suchenden Betroffenen wirkt die kritische Äußerung aus psychiatrischem Blickwinkel, „dass acht von zehn Diagnosen" falsch seien. Leider hält sich dies ebenso hartnäckig wie die angebliche „3-Minuten-Diagnose" in der kinderärztlichen Praxis, wobei niemand interessiert, dass diese Aussage in einer Fernsehsendung im Herbst 2001 durch geschickte Schnitttechnik entstanden war.

Die Frage, ob es regelrechte „Muster" im Verhalten der Babys und Kleinstkinder bei ADHS gibt, muss überprüft werden.

Selbstverständlich muss bei der Diagnosestellung größte Sorgfalt angewendet werden – aber Früherkennung tut Not. Gibt es „Muster" im Verhalten der ganz Kleinen? Es scheint bei einem Teil der später diagnostizierten Kinder so zu sein, aber die Wissenschaft hat dies noch nicht ausreichend überprüft. Viel Forschungsarbeit ist hier sicher angesagt, auch ein Paradigmenwechsel?

„Bedroht der neurowissenschaftliche Erkenntnisfortschritt das psychiatrische Selbstverständnis?“, so lautete der Untertitel eines Vortrags im Jahre 2002 über Psychiatrie und klinische Neurowissenschaften. In der Forschung speziell zu ADHS werden inzwischen wesentlich mehr als zwei Gene diskutiert. Auch weitere Neurotransmitterdysregulationen, neben der des Dopamin und Noradrenalin, scheinen eine Rolle zu spielen, die auf organischer Grundlage störungsanfällig machen und dann, im Zusammenspiel mit Umfeldeinflüssen, als verursachend für die Verhaltensauffälligkeiten in unterschiedlichen Ausprägungsformen angesehen werden.

Aber irgendwie scheint ADHS ein sehr empfindliches Thema zu sein. Bei anderen Erkrankungen in der Kinderheilkunde, wie z. B. dem Diabetes, wird darauf hingewiesen, wie wichtig die Beobachtung der Frühsymptome ist. In der Neuropädiatrie wird sorgfältigst die motorische Entwicklung bei den Vorsorgeuntersuchungen der Babys überwacht, um Frühformen neurologischer Erkrankungen zu erkennen und zu behandeln. Der „mündige“ Patient hat sich kundig gemacht – verantwortungsbewusste Eltern schildern detailliert, was ihnen auffällt. Wenn Eltern von Kindern mit später diagnostizierter ADHS „Frühsymptome“ schildern, wird ärztlicherseits oft gelächelt und vor allem darauf hingewiesen, dass viele solcher „temperamentvoller“ Babys später ganz unauffällig seien oder es vielfältige andere Störungsbilder gebe.

Frühsymptome bei Babys werden oft nicht ernst genommen.

Bagatellisiert wird, wenn Mütter oder Väter von z. B. auffallender Wachheit nach der Geburt oder schon intrauteriner Unruhe berichten.

Nicht nachgefragt wird, ob es auffälliges Verhalten in der Familie gibt, vorschnell wird bei Beziehungsschwierigkeiten, Frühschwangerschaft usw. auf emotionale Störungen in der Familie mit/ohne Bindungsstörungen geschlossen, obwohl vielleicht ein Elternteil bereits in seiner Kinderzeit Sätze gehört hat wie: „Dich hätte man in deinem ersten Badewasser ertränken müssen!“ Oder: „Wenn du mal stirbst, muss man noch extra dein Mundwerk totschlagen!“

Wenig sinnvoll scheint für die eventuell nötige Hilfestellung im Babyalter der häufig gemachte Vorhalt, dass solche Eltern möglicherweise ihr Kind entweder viel zu heftig ersehnt hätten oder das Kind

Noch immer wird häufig das Beziehungs- und Erziehungsverhalten der Eltern für das „Temperament" des Kindes verantwortlich gemacht.

„irgendwie unbewusst ablehnten". Von Fachleuten wird häufig vor allem eine Bindungs- und Beziehungsstörung gesehen, in der Literatur der jüngsten Zeit wird darauf hingewiesen, dass bei Beobachtung physiologischer Veränderungen damit keineswegs eine rein organische Verursachung einer Störung festgestellt sei. Natürlich spielt die Wechselwirkung von angeborenen und sozialen Faktoren immer eine entscheidende Rolle. Traurig macht jedoch, immer wieder beobachten zu müssen, dass Eltern von professionellen Beratern angeschuldigt werden, lediglich nach maximaler Selbstverwirklichung in Beruf und Freizeit zu streben oder ihre Kinder übermäßig zu verwöhnen, sie kritiklos der Überstimulation zu überlassen und später dann bei ernsten Problemen eine Anlaufstelle zu suchen, um ihrem Kind anhand einer Symptomliste eine Diagnose stellen zu lassen und es gegebenenfalls medikamentös „ruhig zu stellen".

Dies mag pointiert klingen, wird aber derzeit in der kontroversen Diskussion über die „Modediagnose ADHS" leider genauso pointiert und polarisierend dargestellt.

Sorgfältige Beobachtungen von Familien mit vormals „schwierigen Babys" zeigen natürlich eine Verunsicherung der Eltern in vielen Facetten – oft aber auch bewundernswertes Durchhaltevermögen und Kompetenz.

„Wer zahlt, wenn ein Kind ein Auto zerkratzt hat?
Im Juli 1999 wurden in einem Wohngebiet insgesamt neun parkende Fahrzeuge durch Kratzzeichen auf Motorhauben, Türen und Dächern beschädigt. Eine Anwohnerin beobachtete einen sechsjährigen Jungen, der in ihrer Straße auf einem Autodach herumhüpfte. Die Polizei teilte mit, es gelte als Grundsatz, dass dort, wo keine Haftpflichtversicherung bestehe, der Geschädigte den Nachweis führen müsse, dass die Erziehungsberechtigten ihre Aufsichtspflicht verletzt hätten. Das sei aber nicht immer leicht."

Der „Täter" konnte ermittelt werden: Benni ist das jüngere von zwei Kindern. Er wurde nach komplikationsloser Schwangerschaft spontan und erwünscht geboren, hatte sofort nach der Geburt die Augen offen und blickte anschließend sehr wach in die Welt. Er hob mit vier Tagen den Kopf, versuchte sich bereits mit zwei Monaten in der Bauchlage irgendwie nach vorne oder nach hinten zu bewegen, wollte ständig beschäftigt werden, versuchte ab dem achten Monat in jede Kiste einzusteigen. Er kletterte ab dem freien Laufen mit zehn Monaten auf alles, was er finden konnte, lief mit 22 Monaten Rollschuh und erklomm mit sechs Jahren den Türstock in blitzartiger Geschwindigkeit.

Immer mehr Eltern solcher Kinder erfahren gegenwärtig (trotz der warnenden oder zurückhaltenden Äußerungen in der Fachwelt, dass man ADHS nicht „vorschnell überdiagnostizieren solle"), dass ihre Kinder nicht nur sehr anstrengende, sondern auch teure Kinder sind, und dass sie mit dieser Diagnose von Versicherungsgesellschaften nicht gern gesehen oder sogar ausgeschlossen werden.

Genaue Beobachtung und sorgfältiges Zuhören bei den Schilderungen der Eltern sollten ohne Wertung und vorschnelle Bildung von verunsichernden Beziehungshypothesen erfolgen!

Statt daneben immer wieder zu postulieren, dass sich viele schwierige Babys später problemlos entwickelten (so klar bewiesen ist das noch gar nicht!) oder das Verhalten zu bagatellisieren, erscheint es sinnvoller, bei „Schreibabys und schwierigen Babys" oder, wie Frau Prof. Dunitz-Scheer aus Graz es formuliert, bei Kindern mit dem „Regulationsstörungstyp III" oder der „Frühhyperkinesie", sorgfältige Beobachtungen anzustellen und die Eltern ohne Schuldzuweisung zu unterstützen.

Ist es ein Wagnis, schon bei ganz kleinen Menschen von ADHS sprechen zu wollen?

Das ist es sicher, wenn man das „Vollbild" der Störung im Sinn der Kriterienkataloge ICD 10 und DSM IV meint. Die Störung wächst sich aber anerkanntermaßen nicht aus. So ist es kein Wagnis, ein besonderes Augenmerk auf ADHS im Erwachsenenalter zu haben (Krause & Krause 2003).

Mit sehr hoher Wahrscheinlichkeit ist ADHS genetisch bedingt.

Barkley legte 2000 dar, dass es noch viel zu erforschen gebe, aber alle heute vorliegenden Belege dafür sprächen, dass genetisch bedingte neurologische Faktoren die größte Rolle in der Verursachung von ADHS spielen.

Die Art und Weise des Umgangs der Eltern mit dem Kind sei dabei nicht zwangsläufig Ursache für den Schweregrad oder das Fortbestehen der Symptome. In gewissem Umfang werde durch die elterliche Reaktion jedoch die Problematik des Kindes geschwächt oder verstärkt.

Anhand der inzwischen verfügbaren Datenlage über die Genetik bei ADHS wird geschätzt, dass 14 oder 15 Gene eine Rolle spielen, so Commings 2001, Krause & Krause 2003, und in den typischen Familienanamnesen verwundert es sehr, dass Fachleute in Deutschland noch heute versuchen, die Existenz von ADHS zu negieren.

Das Wagnis dieses Büchleins besteht darin, Symptome (anhand langjähriger Erfahrung auch in der Arbeit mit Erwachsenen mit ADHS) auch schon bei den ganz Kleinen zu deuten und erprobte Lösungswege darzustellen.

Es wird als notwendig erachtet, relevante Beobachtungskriterien für das früheste Lebensalter zusammenzustellen.

Sicher ist richtig, dass in Ratgeberbüchern immer genau das steht, was die Autoren/Autorinnen in ihrer Praxiserfahrung an Wissen sammeln durften. Da sich aber bei aller Vorsicht immer wieder die gleichen „Muster" in der Regulationsdynamik des Kindes und der Erwachsenen zeigen, in betroffenen Familien aus unterschiedlichsten Kulturkreisen, mit ganz ähnlichen Auswirkungen auf die Psychodynamik, soll dieser Versuch gemacht werden.

In der jüngsten, schwierigen Zeit mit den zunehmenden Vorwürfen, man habe „einen verengten Blickwinkel", wenn man sich mit ADHS beschäftigt, man sei „biologistisch" oder werde „gesponsert durch die Pharmaindustrie", bin ich besonders meiner Tochter Vreni und Freunden und Kollegen im ADD-Forum Berlin über die Ermutigung zu Dank verpflichtet, den Eltern aus den Selbsthilfegruppen – und ganz speziell meiner Freundin Erika Tittmann und meinem jüngsten Patenkind Nele.

Vorbemerkung:
Es geht in den folgenden Ausführungen nicht um die medikamentöse Behandlung von ADHS. Hierzu gibt es bereits gute Ratgeber, die sich eingehend mit diesem Thema beschäftigen (Barkley 2000, Huss 2002, Trott 1993, Wender 2002).

Die Symptomatik bei ADHS

Die Vermutung, dass ein Baby an ADHS leiden könnte, ergibt sich aus der Beobachtung seines Verhaltens. Da für Babys und Kleinstkinder noch keine gesonderten Kriterien gelten, wird man sich zunächst an den Symptomen, die für ältere Kinder typisch sind, orientieren, angepasst an die frühere Entwicklungsebene.

Aktuelle Forschungsergebnisse

Die Symptomatik auch der Erwachsenen wird in diesem Ratgeber dargestellt vor dem Hintergrund der aktuellen, neueren Forschungsergebnisse. Ratey und Johnson wiesen 1997 zu Recht darauf hin, dass die Diagnose ADHS sicher nicht einfach eine Lehrbuchdiagnose neben anderen ist. Die Aufmerksamkeitsdefizit/Hyperaktivitätsstörung stelle wohl vielmehr die Abfolge herkömmlich psychiatrischen Denkens auf den Kopf. (So wird normalerweise erst die Gefühlslage eines Menschen eingeschätzt und dann alles andere.) Bei ADHS sei jedoch vorrangig, dass man erst einmal einschätze, ob der Wahrnehmungs- und Denkapparat richtig funktioniere, weil genau davon die Stimmungslage abhänge, so die Autoren.

Die Stimmungslage hängt bei ADHS davon ab, ob der Wahrnehmungsapparat „richtig" funktioniert.

Allmählich wird akzeptiert, dass die Kriterienkataloge zur Diagnosestellung (ICD 10 und DSM IV) entwickelt wurden, um männliche Kinder im Grundschulalter mit hyperaktiven und impulsiven Verhaltensmustern zu beschreiben (Nadeau 2002) und sicher nicht ausreichend sind für ganz Kleine, Jugendliche, Erwachsene. Bei den evident neurobiologisch bedingten Basisproblemen der Reizoffenheit und Reizfilterschwäche, der Impulssteuerungsschwäche, der Affektlabilität und der Vigilanzdysregulation, wozu im Kindesalter motorische Unruhe noch dazukommen kann, kommt es zur Ausbildung der Kernsymptomatik der

- *Aufmerksamkeitsstörung* (als Schwierigkeit, willentlich ausreichend lang auch ohne spezielle Motivation an einer Aufgabe dranbleiben zu können und sie fertig zu stellen)
- *Impulsivität* (als Schwierigkeit, emotionale, Sprech- und Handlungsimpulse ausreichend lang zurückhalten zu können, um sie erfahrungs- und situationsangemessen umzusetzen und der Realität anzugleichen)
- *Hyperaktivität* (als Schwierigkeit, basale Bewegungsimpulse und -muster situationsangepasst zurückzuhalten)

ADHS tritt in allen Altersgruppen auf.

ADHS erweist sich bei genauer Betrachtung als Regulationsstörung auch mit der Schwierigkeit, die Grundstimmung gleichmäßig stabil zu halten. Dazu kommt die Neigung zu sensitiver und polarisierender Wahrnehmung durch offensichtlich vorschnelle Bewertung bei

„digitalen“ Reaktionsmustern („an – aus“, „schwarz – weiß“), und dies nicht nur im Vorschul-, Schul- und Jugendalter, sondern auch bei Erwachsenen – und, tatsächlich oft, auch schon erkennbar bei den ganz Kleinen.

Untrennbar verbunden ist diese Störung in allen Altersgruppen mit unserer heutigen, immer reizintensiveren Zeit. Nicht nur Erwachsene haben hier zunehmend Probleme, seit den 90er-Jahren gibt es auch immer mehr Schreibabys.

Entsprechend sieht auch Barkley 2000 als Vorhersagefaktoren eines frühen und dauerhaften Auftretens von ADHS im Kindesalter nicht nur die starke Beanspruchung einer Bezugsperson durch ein sehr hohes Aktivitätsmaß eines sehr kleinen Kindes. Er sieht auch „überkritisches“ und „autoritäres“ Verhalten von Eltern in den ersten Jahren, sowie eine familiäre Belastung mit ADHS noch vor den immer wieder beschriebenen Risikofaktoren wie Nikotin und Alkohol, gesundheitlichen Problemen der Mutter während der Schwangerschaft, Schwangerschaftskomplikationen, niedrigem Bildungsniveau oder dem Problem, allein erziehend zu sein.

> ADHS ist nach internationaler Einschätzung die häufigste psychische Störung/Verhaltensstörung im Kindes- und Jugendalter und scheint wohl eine Verhaltensstörung „höherer Ordnung“ zu sein.

Die Auswirkungen der Veranlagung zu ADHS

Die meisten Erwachsenen mit ADHS haben immer wieder mit Problemen zu kämpfen, die auf diese Veranlagung zurückgehen.

Goldstein und Allison mahnen 2002 an, dass in den letzten 15 Jahren zunehmend offenkundig wurde, wie sich diese Veranlagung lebenslang auswirkt. Entsprechend wurde vorgeschlagen, infolge einiger methodisch einwandfreier Studien, sich von der Annahme zu trennen, dass ein Drittel der Erwachsenen das Leben später unproblematisch meistern würde. Annähernd 60 Prozent der Erwachsenen, so die Autoren, kämpften noch mit der Symptomatik, mit entsprechenden Auswirkungen im Gefühlsleben, im sozialen Miteinander und auch im Beruf. 10 bis 30 Prozent rutschten nach Einschätzung der

Autoren in sehr große Schwierigkeiten und nur 10 bis 20 Prozent kämen wirklich gut zurecht.

Kinder mit ADHS entwickelten sich den Untersuchungen nach gut, wenn sie in einem intakten Elternhaus mit psychisch gesunden Eltern aufwachsen könnten, die für ihre Kinder in jeder Richtung verfügbar seien und für sie einschätzbar sind (das sind ja aber wohl die Variablen, die jedem Kind ein psychisch gesundes Heranwachsen ermöglichen ...).

Tatsächlich hat ADHS oft auch heftige Auswirkungen auf die Paarbeziehung. Kürzlich beklagte Nadeau, die sich speziell mit Mädchen und Frauen mit ADHS beschäftigt, dass viele Frauen mit ADHS keine oder eine falsche Diagnose bekämen.

2002 berichtete in den USA die Tageszeitung „Daily Californian", dass Prof. Hinshaw nach einer dreijährigen Untersuchung zur Einschätzung gekommen war, Mädchen mit ADHS würden zu selten diagnostiziert, da sie überzufällig häufig von ADHS des vorwiegend unaufmerksamen Typus betroffen sind – die stillen Träumerchen, die als kleine Kinder meist kaum auffallen.

Besonders in den USA wird diskutiert, ob dieser unaufmerksame Typus vielleicht ein „ganz anderes" Störungsbild sei. Da wesentliche Reaktionsmuster ähnlich sind, ist das wohl unwahrscheinlich. Möglicherweise geht hier die Regulationsstörung aber mehr in Richtung eines plötzlichen Wegsackens der Aufmerksamkeit und der Hinwendung zu eigenen Gedankenfolgen im Gegensatz zur Hinwendung zu ständig lockenden neuen Reizen beim impulsiv-hyperaktiven Typ.

> ADHS ist ein dimensionales Problem, d. h. mehr oder weniger stark ausgeprägt vorkommend, mit der sich im Entwicklungsverlauf abzeichnenden mangelhaften Entwicklung einer „automatischen Servo-Verhaltenskontrolle" (Neuhaus 2000).

Wünschenswert ist, dass ADHS von immer mehr Fachleuten auch in Deutschland akzeptiert und verstanden wird, damit möglichst früh sinnvolle Hilfe einsetzen kann, auch für den betroffenen Elternteil – was aber in vielen Ratgebern und auch Elterntrainingsprogrammen leider gar nicht „vorgesehen" ist.

Die Schwangerschaft

„Was meinen Sie, warum er Philipp heißt?
Er war doch schon im Bauch so unruhig."

Schon im Mutterleib quicklebendig

Viele Mütter erleben ihr Kind schon während der Schwangerschaft sehr intensiv.

40 bis 50 Prozent der später hyperaktiven Kinder sind schon im Mutterleib „quicklebendig". Viele Mütter solcher Kinder berichten von Schwangerschaften ohne irgendwelche Auffälligkeiten, ebenso über eine unauffällige Neugeborenenzeit. Viele Eltern schildern ein problemloses erstes Lebensjahr – mit schlagartigem Einsetzen von Sturheit, Wutanfällen, Unruhe ab dem Zeitpunkt des Laufenlernens. Das heißt, 50 Prozent der Eltern erkennen klare Symptome ab dem zweiten, dritten Lebensjahr.

Manche Mütter erzählen Extremes:

„Die Schwangerschaftsgymnastik konnte ich zum Schluss kaum mehr machen, da mein Kind mich immer wieder so getreten hat, dass es richtig wehtat."

„Wenn ich nach einer hektischen Situation entspannen wollte, konnte ich das gar nicht, weil das Baby in meinem Bauch dann heftigst rumorte."

„Mein Kind war schon so unruhig intrauterin, dass ich die letzten vier Schwangerschaftsmonate kaum mehr schlafen konnte."

„Nach der Spontangeburt hatte mein Kind sofort die Augen auf und schnappte dann an der Brust regelrecht zu. Schnell fiel auf, dass sie offensichtlich sehr viel Kraft hatte."

„Mein Kind war regelrecht gewalttätig, im Bauch und dann auch sofort nach der Geburt!"

Entgegen der Annahme oder auch der Interpretation von Fachkollegen, die tiefenpsychologisch fundiert oder psychoanalytisch arbeiten, schildern viele Mütter auch solcher Kinder glaubhaft, dass sie sich trotzdem auf ihr Kind richtig gefreut haben. Und das gilt auch für Mütter, die sich wegen vorzeitiger Wehen lange schonen oder gar liegen mussten. (In diesem Zusammenhang eine Beobach-

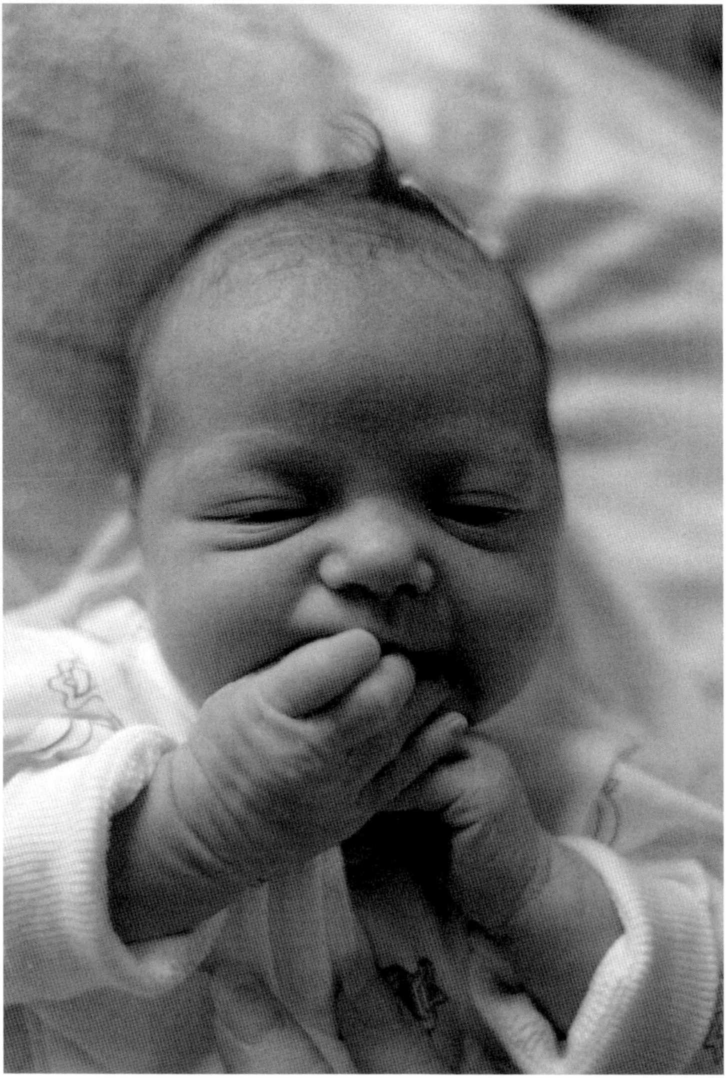

tung ohne Anspruch auf allgemeine Gültigkeit: Kinder, Jugendliche und Erwachsene mit ADHS haben häufig einen Zink- und Magnesiummangel – ist er möglicherweise verantwortlich für eine vorzeitige Wehentätigkeit?)

Total verliebt: Partnerwahl bei ADHS und ihre Folgen

Völlig von Gefühlen mitgerissen – mit weit reichenden Folgen: Das ist typisch für ADHS.

Unter Umständen kommt es bei „Chaosprinzessinnen" (nach dem Titel der deutschen Übersetzung von Sari Solden: „Women with Attention-Deficit-Disorder" – „Die Chaosprinzessin") im Gefühlsabsturz des totalen Verliebtseins zu einer ungewollten Schwangerschaft. Sind die Bedingungen nicht extrem misslich, wird ein Kind auch von einer sehr jungen Mutter dann oft regelrecht stolz (oder naiv-optimistisch) ausgetragen – mit dem „syndromtypischen" Zeitfenster im Hier und Jetzt, oft den eigenen Zyklus gar nicht richtig kennend, der nicht zuletzt auch oft unregelmäßig ist. Genauso kann es passieren, dass bei Vorhaltungen aus dem Umfeld, dass sie doch noch viel zu jung sei usw., eine junge Frau mit ADHS dann „erst recht" ihr Baby bekommen möchte, sich trotzig den geäußerten Bedenken widersetzend. Weder die eine noch die andere übersieht die Konsequenzen für sich und das Kind, vor allen Dingen hinsichtlich der Übernahme von Verantwortung.

Mädchen mit ADHS repräsentieren oft den eher unaufmerksamen, emotional impulsiven Typus, der eben nicht bereits vor dem siebten Lebensjahr in mehr als einem Umfeld auffällt – wie es die gegenwärtig gängigen Diagnosekriterienkataloge fordern. Nur ein kleiner Teil der Mädchen zeigt sich so unaufmerksam, impulsiv, hyperaktiv wie der Großteil der betroffenen Jungen.

Die Gesellschaft erlaubt ja auch, dass Mädchen etwas verträumt sind, auch langsamer, diffuser. Die Leistungserwartungen des Umfelds an sie sind oft auch nicht so hoch. Ihre Schwierigkeiten werden schnell bagatellisiert oder ab der fünften oder siebten Klasse auf die Pubertät geschoben. Viel zu wenig fällt leider auf, dass auch sie sich nicht richtig einschätzen und überwachen können, bei ihrer Reizoffenheit leider ausgesprochen beeinflussbar sind und sich auch immer in einer extrem emotionalen Lage befinden, die blitzschnell umschlagen kann. So verlieben sie sich glühend, möglicherweise in einer schwierigen Entwicklungsphase, in einen aus ihrer Sicht „faszinierenden" Menschen – der von anderen eher als Chaot eingeschätzt wird.

In ihrem aufmüpfigen und kritischen Buch „Ist Erziehung sinnlos? Die Ohnmacht der Eltern“ geht Judith Harris 1998 deutlich auf die Tatsache ein, dass sich Kinder und auch Erwachsene zu Menschen hingezogen fühlen, die sie als sich selbst sehr ähnlich empfinden. Harris bezieht sich auf die so genannte „Selbstkategorisierung“ nach John Turner, demzufolge sich Menschen auf verschiedenste Art und Weise und auf verschiedenen Ebenen kategorisieren und zugehörig fühlen (von „Ich bin ein menschliches Wesen“ bis „Ich bin Italienerin“). Diese Selbstkategorisierung ändert sich kontextabhängig, d. h. es kommt darauf an, mit wem man wann und wo zusammen ist.

ADHS-Menschen verlieben sich sehr spontan und intensiv.

Diese Hypothese wurde allgemein aufgestellt – für Menschen mit ADHS scheint sie faszinierend richtig zu greifen: Nur im Hier und Jetzt lebend, damit in der Krise und immer in einer extremen Stimmungslage, vor allen Dingen in der langen Lebensgeschichte vorher schon ausgestattet mit unendlich vielen Etiketten wie „chaotisch“, „unmöglich“ usw. erfolgt dann syndromtypisch sehr spontan eine „Partnerwahl“.

Wie Frauen mit ADHS die Schwangerschaft erleben

Auf der anderen Seite gibt es junge Frauen mit oft unerkannter ADHS-Struktur, die, bedingt durch entsprechende Umgebungseinflüsse und/oder Intelligenz und/oder Selbstdisziplin, lange gut kompensieren konnten. Gegebenenfalls wirken sie etwas eigenwillig. Natürlich ist für sie dementsprechend Verhütung selbstverständlich. Ein Baby wird geplant! Je stärker nun eine Frau mit ADHS sich mit Willen und Verstand diszipliniert, um nichts zu vergessen, keine Fehler zu machen, im Wunsch, von anderen anerkannt zu werden oder erfolgreich zu sein, desto eher besteht bei ihr die Gefahr, dass sie bei Eintritt einer Schwangerschaft sehr sorgfältig darauf achtet, alle nur erdenklichen Vorkehrungen zu treffen. Bei einer kleinen Unregelmäßigkeit kann sie schnell sehr besorgt reagieren, vor allen Dingen, wenn im Hintergrund aus irgendeinem Anlass heraus Besorgnis besteht, dass mit dem Baby „irgendetwas“ nicht in Ordnung sein könnte. Es reicht

Je nach Ausprägungstyp der ADHS kann die Schwangerschaft ganz locker genommen oder perfekt durchgeplant werden.

ein noch nicht einmal selbst erfahrenes, beeindruckendes Erlebnis einer Freundin oder z. B. ein Film, damit sich dieser Subtyp der „Chaosprinzessinnen" ganz schnell regelrecht in die „Befürchtung der Befürchtung" hineinsteigert. Hintergründig haben diese Frauen oft die ganze Schwangerschaft über Angst. Sie werden belächelt oder auch als hysterisch abgetan, später wird ihnen schnell der Vorwurf gemacht, ihr Kind überbehüten zu wollen.

In der Praxis wird bei der Anamneseerhebung immer wieder eine durchgängige familiäre Betroffenheit beobachtet.

Ein kleiner Teil der Frauen, die später selbst ihre ADHS-Struktur erkannten, berichtet, dass sie sich während der Schwangerschaft nicht nur sehr gut gefühlt hatten, sondern sich auch besonders gut alles Mögliche merken konnten. Dies habe nach der Geburt schlagartig nachgelassen. (Welchen besonders starken Einfluss die Hormone, v. a. Östrogen, auf Frauen mit ADHS haben, erweist sich als noch dringend zu untersuchendes Forschungsfeld.)

Ist eine Frau nicht betroffen und erwartet ein Kind, das später mit ADHS diagnostiziert wird, werden solche Extreme nicht berichtet – aber auch nicht von vielen Frauen, die sich lange für nicht betroffen hielten. Es ist letztlich noch nicht geklärt, ob Kinder mit später eindeutig diagnostizierter ADHS nicht betroffene leibliche Elternteile haben können, sondern wird einfach nur immer wieder behauptet.

Die Partnerschaft während der Schwangerschaft

Ist etwas für einen Betroffenen mit ADHS neu, spannend, interessant, ist er „blitzwach, eingeschaltet, präsent" und kann sich sogar extrem konzentrieren.

Die problematischen Seiten des ADHS-Partners werden in der Zeit der ersten Verliebtheit oft gerade als besonders liebenswert und anziehend betrachtet.

Verliebt sich ein Mensch mit ADHS richtig (wobei Verlieben häufig regelrecht auf den „ersten Blick" erfolgt, besonders, wenn beide betroffen sind), stürzt er regelrecht auf den anderen zu. Es kommt zu einem ausgeprägten „Flitterwochenphänomen" mit unendlich viel Zuwendung dem anderen gegenüber, mit der Bemühung, sich nur von der Schokoladenseite zu zeigen, entsprechend auch „kleine Desorganisiertheiten" zu verdecken oder vorübergehend mit Willen zu kompensieren.

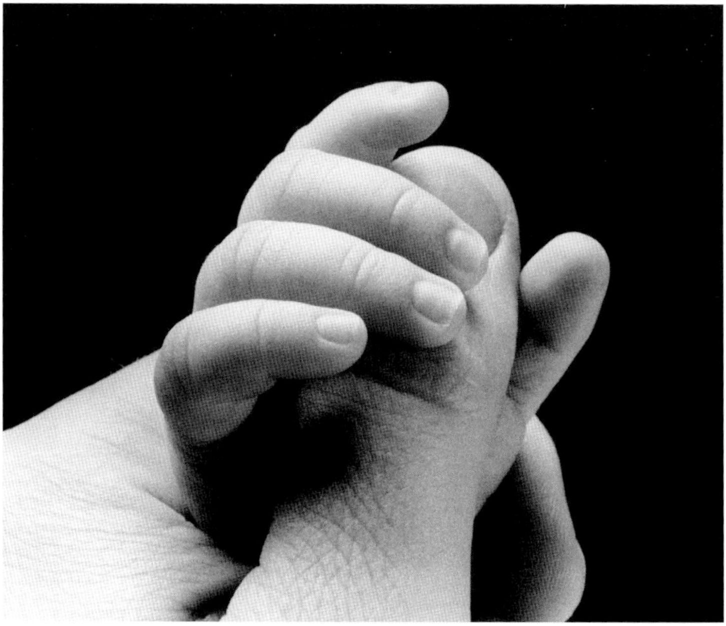

Der Partner einer jungen Mama, der später als sehr bestimmender „Plattwalzer“ erlebt wird, zeigt sich in dieser Phase oft als besonders fürsorglich, auch anleitend und unterstützend, als jemand, an den man sich so richtig anlehnen kann, zumal er deutlich signalisiert, dass er weiß, wo es „lang geht“.

Der „Chaot“ erscheint in dieser Phase besonders originell, kreativ und romantisch, mit kleinen Überraschungen zu allen möglichen Zeiten, die wirklich nur erfreuen. Kleine „Problemchen“ so nebenher, wie Schulden, ein Kind aus einer früheren Beziehung oder manchmal ein bisschen Substanzmissbrauch usw., „muss“ man dabei direkt vernachlässigen.

Die Partnerwahl erfolgt „syndromtypisch“ oft nach oberflächlichen Kriterien, vorschnell, mit hastiger Festlegung.

Der fast väterlich anmutende „Versorger und Beschützer“ nimmt viel ab, was subjektiv sehr angenehm erscheint. Er wird schnell unentbehrlich. Mit dem gutmütigen „Leidgeprüften“, einer Mischung zwischen Kumpel, großem Bruder und liebem Onkel oder Großvater, entsteht ein Basisgefühl des Mitleids, man sorgt füreinander. Für den „Vielbeschäftigten“ besteht viel Verständnis – zunächst. Besonders gut kompensierte und damit auch selbstbestimmte Frauen mit ADHS finden ihn zunächst angenehm, v. a., wenn er die eigene Selbstständigkeit genauso wertschätzt wie die ihre, was sich aber schnell verändern kann und zur Wahrnehmung führt, er interessiere sich nicht eigentlich …

Auf Gefühlsüberschwang folgt bald Ernüchterung

Ganz sicher soll hier nicht verallgemeinert werden, aber oft zeichnet sich bei diesen „typischen" Partnern ein Muster ab: Ist die Zeit der großen Verliebtheit vorbei, in der man sich unter Umständen im extremem Harmoniewunsch in glühenden Farben ausgemalt hat, wie schön Elternschaft sein muss, erfolgt, leider unter Umständen schon ganz früh, sehr herb im wahrsten Sinne des Wortes „Ernüchterung".

Probleme entstehen im Alltag vor allem durch die Art der Kommunikation.

So kann die Reaktion eines vorher überidealisierten Partners zum Teil bitter enttäuschen, der sich beispielsweise genervt fühlt durch das Schwangerschaftserbrechen oder die plötzliche, heftig auftretende Geruchsempfindlichkeit der jungen Mutter, die es ihr z. B. unmöglich macht, in einem Raum anwesend zu sein, in dem geraucht wird.

Es geht nicht nur, wie gerade in der amerikanischen Literatur allgemein angenommen, vor allen Dingen um Reibereien, um die Vergesslichkeit, die Schlampigkeit im Alltagsleben, die eine Partnerschaft belasten, in der ADHS eine Rolle spielt. Es geht vielmehr auch ganz schnell um die Art und Weise, wie kommuniziert wird – durch den sich jetzt entpuppenden „Plattwalzer" oder den „Versorger oder Beschützer", der immer alles weiß, nur dessen Sicht richtig ist, der gern im schulmeisterlichen Ton weit ausholend noch einmal genau erklärt, warum eine Sache sich so oder so verhält / verhalten muss.

Auch der Erwachsene mit ADHS kann, wenn die Störung ausgeprägt ist, oft nicht die Perspektive wechseln, d. h. sich nicht vorstellen, wie das, was er sagt oder tut, auf andere wirkt. Er kann sich nicht realistisch selbst einschätzen und überwachen. Seit Kindertagen sieht er aber „alles so nebenher" und sehr genau, was der oder die andere falsch macht, es implizit aufnehmend. Und er benennt es spontan und bei der Notwendigkeit einer Wiederholung schnell sehr gereizt im Tonfall.

Der Chaot kann, bei wiederholter Bitte um „Minimalkompromisse", einfordern, dass man ihn ja so, wie er ist, lieb gewonnen habe ... Mancher Partner hält sich lange zurück, um dann irgendwann „zu platzen", wobei der leidgeprüfte, gutmütige Partner oft Erstaunliches hinzunehmen vermag.

Das große Problem bei Erwachsenen mit ADHS ist, wie bei Kindern und Jugendlichen, dass sie offensichtlich die 100%ige „Gegenleistung" erwarten, wenn sie gefühlsmäßig investieren. Da gleichzeitig der Wunsch besteht, gänzlich selbstbestimmt zu sein, und sie sich andererseits von einer subjektiv schwierigen oder langweiligen Aufgabe sofort überwältigt fühlen, wird das Zusammenleben oft schon früh schwierig.

Oft geht es während der Schwangerschaft noch ganz gut, manchmal sorgt aber schon ein sich ankündigender kleiner, neuer Erdenbürger für Konfliktstoff, wenn z. B. die werdende Mama ihren „Hyperfokus" nun auf dem Baby hat und die Bedürfnisse des Mannes gar nicht mehr so wichtig erscheinen.

Ein typisches Problem: Der Partner fühlt sich wegen des Babys vernachlässigt.

Manchmal heißt es schon vor oder nach dem ersten Baby, meist nach dem zweiten oder dritten Kind, vorwurfsvoll: „Du nimmst mich und meine Gefühle gar nicht wahr! Du kommst nicht mal meinen so wenigen Bedürfnissen nach!" (Leider wird alles im Superlativ geäußert – was von der Chaosprinzessin subjektiv natürlich als ungerecht empfunden wird und so beginnt sie sich sofort zu rechtfertigen.)

Ursachen der Beziehungsprobleme

ADHS in leichter Ausprägung entspricht einer Persönlichkeitsvariante, ausgeprägter ist es beeinträchtigend oder sogar krankheitswertig.

Die Auswirkung der eingeschränkt heranreifenden „exekutiven Funktionen" im Stirnhirn, mit zu kleinen Arbeitsspeicherkapazitäten, keiner ausreichenden Dämpfung der Gefühle, die zudem noch sehr schnell wechseln können, bei Reizoffenheit und Reizfilterschwäche, führen zu gravierenden Folgen in der Handlungsplanung und der Umsetzung, eben auch im sozialen Miteinander.

ADHS stellt für Beziehungen ein Hochrisiko dar.

Nicht nur beim Kind und Jugendlichen, sondern auch beim Erwachsenen scheint das Gehirn nur richtig zu funktionieren, wenn etwas für den betroffenen Menschen wirklich neu, interessant und spannend ist – sonst eben nicht. Wie beim Kind und Jugendlichen wird bei zunehmender Tendenz zu Vorhaltungen durch das Gegenüber die Stimmung immer schlechter, wenn der andere den entsprechen#den Tonfall produziert. Man wird der ewigen Nörgelei im wahrsten Sinne des Wortes „müde“ (vgl. u. a. Neuhaus 2000).

Bisweilen zerbricht eine Beziehung schon ganz früh. Viele Beziehungen bestehen trotz Krisen über lange Zeit der Gemeinsamkeit oder besser des Zusammenseins, weil Entscheidungen so schwer fallen und gerade der junge Mensch mit ADHS Angst vor dem Alleinsein hat. Die gespannte Beziehung kann lang anhaltend quälend für alle sein, bis schließlich eine Auflösung meist im heftigen Eklat erfolgt. Leider muss man akzeptieren, dass ADHS ein Hochrisiko für Beziehungsverläufe darstellt.

Die Disposition zu ADHS führt der Erfahrung nach zu belasteten Beziehungen, was beim Hinzukommen eines schwierigen Kindes leider häufigst zur Dekompensation, d. h. zum Bruch, führt.

Wie bitte? Typische Einschätzungen und Vorurteile

Nicht nur Eltern müssen sich bei Beratungen an den unterschiedlichsten Anlaufstellen viel gefallen lassen, sondern auch Fachleute mit jahrelanger Erfahrung. Auch heute noch wird das Verhalten der Kinder oft auf die „Unfähigkeit" der Eltern zurückgeführt.

Die Kontroverse: Erziehung vs. Biologie

Das Wesen des Kindes bestimmt das Verhalten der Eltern mit.

Zwar hat Harris 1998 (mit Übersetzung ins Deutsche zwei Jahre später) gewaltig an der „Erziehungshypothese" gerüttelt. Es sei eine beweisbare Fehleinschätzung der Sozialisationsforschung, dass das, was Kinder in den frühen Jahren über Beziehung und Regeln in der Herkunftsfamilie lernen, Modell für alle ihre späteren Beziehungen sei und somit den gesamten Verlauf ihres Lebens bestimme. Natürlich lernen Kinder am Modell, aber natürlich auch das, was sie nicht lernen sollen. Vielmehr, so Harris, müssen sie lernen, sich gerade nicht so zu verhalten wie die Eltern, die Unordnung machen, Schimpfworte sagen usw.

Sicherlich ist ein Paradigmenwechsel angesagt. Biologische, vor allen Dingen neurogenetische Faktoren rücken immer mehr in den Vordergrund bei der Betrachtung der tatsächlichen Verursachung psychischer Störungen, die dann durch Umfeldfaktoren gemildert oder verschlechtert werden können. So wird kein verantwortlicher Fachmann mehr davon sprechen, dass ein autistisches Kind diese schwere Störung nur hat, weil die Gemütslage der Mutter der eines Kühlschranks entspricht.

Die Temperamentsforschung weiß, dass es Menschen gibt, die von Anfang an sehr herausfordernd sind und ein großes Risiko tragen, so zu bleiben. Die dissoziale Störung mit frühem Beginn scheint sich z. B. auf ADHS „draufzusetzen". Konsensfähig ist sicher, dass eine ererbte positive Anlage, wie z. B. gutes Aussehen, Folgen für die Umgebung hat, die bekanntermaßen auf ein hübsches Kind einfach auch positiver reagiert. Das sich als ängstlich entwickelnde Kleinkind triggert z. B. im Erwachsenenumfeld Schutz und Unterstützung – in der Gruppe der Gleichaltrigen jedoch eher Hänselei und Gespött. Ein sich nicht beruhigender Säugling oder ein im Supermarkt in gellenden Tönen kreischendes Kleinkind erweckt im Umfeld schnell Ärger – und wird Anlass zur Bewertung der elterlichen Erziehung. Harris konstatiert, dass der so genannte „Kind-Eltern-Effekt" zwar allmählich gesehen werde, sich aber eigentlich niemand darum kümmere. Sozialisationsforschern „gefalle" es nicht, darüber nachzudenken, dass kompetent erscheinende Eltern nette Kinder möglicherweise deshalb haben, weil diese Kinder nett sind, d. h. pflegeleicht und gut zu haben.

Das Verhalten der Eltern

Nicht nur das Elternhaus, auch das weitere soziale Umfeld bestimmt wesentlich die Entwicklung des kindlichen Verhaltens.

Es ist Alltagswissen, dass sich Kinder, die in ein und derselben Familie leben, unterschiedlich entwickeln. 1983 stellten Macoby und Martin in ihrer Bilanz über die Theorien, Forschungsmethoden und Ergebnisse der Sozialisationsforschung fest, dass die materielle Umwelt und die elterlichen Charakteristika auf die Kinder sehr geringe Auswirkungen haben. Als einzig wirksamer Aspekt wird ein unterschiedlicher Einfluss der Eltern auf jedes Kind derselben Familie gesehen, etwa bedingt dadurch, dass man sich zu einem Kind besonders hingezogen fühlt, es einem positiv sehr ähnlich ist usw., und man es unbewusst fördert und bevorzugt – oder auch nicht. Der Aspekt der „innerfamiliären Milieuunterschiede" bedeutet ergänzend, dass Kinder ein- und derselben Familie im System ihrer unterschiedlichen Bezugspersonen (auch der Geschwister, Verwandten, Erzieher, Gleichaltrigen usw.) ganz unterschiedliche Erfahrungen machen und sich entsprechend entwickeln.

Harris geht in ihrer Hinterfragung der „Erziehungshypothese" erfreulich kritisch auch mit den Untersuchungen der Erziehungsstile um. Sie bezweifelt, dass Eltern überhaupt einen durchgängig konsequenten Erziehungsstil haben können.

Bestechend und nachvollziehbar in der Logik legt Harris dar, dass Kinder sich je nach Umgebungsbedingungen unterschiedlich verhalten; sie weist dies unter anderem an Einwandererkindern nach, die sich früher oder später an ihrem Umfeld orientieren (in ihrem ganzen Verhalten und auch in ihrer Sprache). Dies scheine wichtiger als das, was sie im Elternhaus erfahren. So sei auch schon in Forscherkreisen eingeräumt worden, dass die Möglichkeit bestehe, dass sich das Verhalten eines Kleinkindes im häuslichen Umfeld und in der Tagesstätte systematisch unterscheide. Diese Erfahrung kennen viele Eltern von Kindern mit ADHS gut, wenn z. B. eine erfahrene, strukturgebende, gelassene Erzieherin entsprechend skeptisch anmerkt, dass sie gar nicht verstehe, warum es mit diesem lebhaften und aufgeweckten Jungen Probleme geben solle …

Unwiderlegbar wird festgestellt, dass das Verhalten eines Elternteils beeinflusst, wie das Kind sich in dessen Gegenwart und im spezifischen Kontext verhält. Beeinflusst wird dadurch aber auch die Befindlichkeit des Kindes (das z. B. unendliche Male hört: „Wie oft habe ich dir schon gesagt?", „Wann endlich lernst du ...?").

Im Wirrwarr der Erziehungsstile

Die Eltern sehen sich einer Vielzahl oft widersprüchlicher und rigoroser Erziehungsempfehlungen gegenüber und werden dadurch stark verunsichert.

Sichtet man die Erziehungsratgeber im Laufe der Jahrzehnte, wird deutlich, dass nicht erst vor kurzem die unterschiedlichen Erziehungsempfehlungen immer extremer wurden von „Laissez-faire" bis zur Überkorrektur mit Strafreizen, sondern es z. B. von Watson auch empfohlen wurde, sich Kindern gegenüber sachlich und freundlich bestimmt zu verhalten, etwa wie im Umgang mit Erwachsenen (möglicherweise, um die Emotion zwischen Mutter und Kind kontrollieren zu können). Zeitgleich wurde von anderen behauptet, dass Eltern oft unbewusst negative Gefühle gegenüber dem Kind hätten oder sich eine Mutter unbewusst von einem Kind eine z. B. lustbetonte Form der Zuwendung hole, um sich zu bereichern (als Erklärungshypothese), wenn mit dem Kind etwas schief läuft. Bis heute gibt es Aufforderungen, Kinder mit Liebe und Anerkennung zu verwöhnen oder sie gar „festzuhalten", bis sie „die überströmende Liebe" der Mutter im Gehaltenwerden der Festhaltetherapie spüren. Zeitgleich wird Überprotektion angeprangert.

Erziehungsstile und Beratung wechseln je nach Zeitgeist, Weltbild, aber auch entsprechend der definierten Individualität der Kinder und der Situation.

Die Bindungsforschung wird nach wie vor hochgehalten und auch hier wird ganz schnell mit hintergründigen Schuldzuweisungen gearbeitet, wenn Störungen entstehen (die aber möglicherweise gar nichts mit den Eltern zu tun haben?).

„Als sich nach der Geburt unseres zweiten Kindes alle Besucher in der folgenden Zeit immer als Erstes nur dem Baby zuwandten, schwand die vorher so offene, fröhliche Zugewandtheit meiner Tochter anderen und uns gegenüber. Sie blieb immer in meiner Nähe, am liebsten am Hosenbein, egal was ich tat."

Die Bindung

Nach jahrelangem Fordern, dass Anlage im Vergleich zu Umwelteinflüssen bedeutungslos sei, weisen uns die Forschungsergebnisse darauf hin, dass dies so nicht stimmt. Positiv wie negativ – etwa die Hälfte aller Unterschiedlichkeit zwischen Personen ist auf genetische Unterschiede zurückzuführen. Nach wie vor triggert die Bindungstheorie „bindungsorientierte" Behandlung, um Kindern und ihren Familien neue emotionale Erfahrungen zur emotionalen Sicherheit psychodynamisch zu vermitteln. Die große amerikanische JAMA-Studie 1997 konstatiert als Ergebnis ihrer Befragung von Jugendlichen, dass es einen Zusammenhang gibt zwischen dem Wohlergehen der Jugendlichen und ihrer Bindung an ihre Eltern. Die familiäre Verbundenheit wird als Schutzfaktor für die Entwicklung angesehen.

Die familiäre Bindung ist ein ganz wichtiger, aber nicht der einzige Faktor für eine sichere Entwicklung.

Bei der Betrachtung entwicklungspsychologischer Aspekte aggressiven Verhaltens in der modernen Säuglings- und Temperamentsforschung betont Eggers 2002, dass die Bindung nur ein Faktor dabei ist, und zwar als Ergebnis früher integrativer und kommunikativer Prozesse zwischen Säugling und Bezugsperson. Und er räumt ein, dass das Studium dieser Prozesse und Wechselwirkungen sehr komplex sei.

Erfreulicherweise gibt es immer mehr Ansätze in der Forschung, die sich mit den Prävalenz- und Persönlichkeitsmerkmalen befassen. Ein Kind, das schon früh aufbrausend und impulsiv ist und nicht lange bei einer Sache bleiben kann, bleibt oft so und hat auch noch mit 18 Jahren das Problem, Gefahren zu unterschätzen, das Hochrisiko zu suchen, etwa beim Autofahren, im Sport oder auch im Experimentieren mit Substanzen, bei ungeschütztem Sex usw.

Bei einer Beratung wird dem Problem nicht selten ein bestimmtes Erklärungsschema „übergestülpt".

Sind individuelle Störungssymptome immer Ausdruck familiärer Beziehungsstörungen?

In vielen Beratungsstellen wird aber gefordert, dass jeder Mensch ein einzigartiges Wesen sei und individuelle Störungssymptome v. a. Ausdruck familiärer Beziehungsstörungen seien. So wird in weiten Kreisen eine isolierte Betrachtung des „Index-Patienten" abgelehnt, da dies wichtige Ursachenkomplexe außen vor lasse, bis hin zur Mutmaßung, dass sich eine Mutter z. B. nicht ausreichend von der leistungsorientierten Großmutter (ihrer eigenen Mutter) abgelöst habe. Und dann wird hinterfragt, ob die Mutter so ihren Erziehungsauftrag auch realisieren und umsetzen könne. Nachgeben erfolge dann in der „übermächtig empfundenen, normativen Orientierung" der jungen Familie einem fordernden Kind gegenüber. Durch das Nachgeben komme es zur Übertragung der normativen Orientierung auf das Kind, das dann auf der „Bedürfnis befriedigenden" Objektbeziehungsstufe mit Durchsetzungsvermögen und „Machtstreben" fixiert bleibe und dadurch ein mangelhaftes Einfühlungsvermögen erwerbe. So komme es zu einem Mangel an tiefer Kontakt- und Beziehungsfähigkeit. Dies wiederum führe zu einer „lärmenden Scheinautonomie" mit fragilem, ängstlichem Ich und Insuffizienzgefühlen und „Reaktionsbildung" in Form von Unruhe und Desorganisiertheit – womit dann die schlimmsten Befürchtungen der Großmutter bestätigt würden, z. B. mit der drohenden Verwahrlosung.

Es bleibt die Frage offen, ob es nicht sinnvoller ist, gerade in Familien mit sehr jungen Kindern, alte Denkautomatismen aufzugeben, wie „Aha, sie ist allein erziehend ..." oder „Klar, der Vater hatte Alkoholprobleme", und stattdessen zu beobachten, zu hinterfragen – wertschätzend und ohne jeglichen Anflug von Vorwurfshaltung.

Es bleibt zu hoffen, dass sich mehr Berater auch internationalen Forschungsergebnissen öffnen, nicht nur hinsichtlich der Verhaltensgenetik, sondern auch bezüglich des Einflusses von Gruppenzugehörigkeit im Kindes-/Jugend- und Erwachsenenalter, des jeweiligen Kulturkreises usw. Notwendig wäre auch, dass sie akzeptieren, dass sie unsere Umwelt eben nicht wesentlich verändern können, die Vergangenheit eines Menschen bis zu seinem derzeitigen Entwicklungsalter gelebt ist, der „Rucksack" somit gepackt und die Rolle zugewiesen. Dann würde sich sicher manches Elternteil hinsichtlich der eigenen Schwierigkeiten früher öffnen.

Bei Beratungen wäre oft ein „offenerer Blick" wünschenswert und hilfreich.

Stattdessen gibt es gegenwärtig noch viel „manische" Abwehr bezüglich der Akzeptanz, dass es auch reizoffene, reizfilterschwache Erwachsene gibt, mit Impulskontrollproblemen, heftigen Stimmungsschwankungen, mehr oder minder mühsam gebändigt mit Willen und Verstand, die nun aber genau solch ein Kind bekommen haben.

Gelingende Bindung ist eine gute Voraussetzung für eine gesunde und glückliche Entwicklung. Schwierigkeiten in der Beziehungs- und Bindungsentwicklung sind oft Folge und nicht Ursache der Disposition.

Dann müsste vielleicht die Mutter eines 16-jährigen Jugendlichen nicht mehr weinend zusammenbrechen, mit der Aussage: „Jetzt sagen Sie mir endlich, was mit meinem Sohn los ist – er will ja überhaupt nicht mehr in die Schule gehen. Wir waren schon ganz früh unterwegs, um uns Hilfe zu suchen, bei unserem schon sehr schwierigen Kleinstkind. Mir wurde erst vorgeworfen, dass ich ihn zu sehr ‚klammere', dann, als ich krank wurde und eine Weile im Krankenhaus war, dass ich mich von ihm emotional zurückgezogen habe … Gerade war er wieder sechs Monate stationär in der Kinder- und Jugendpsychiatrie, aber verändert hat sich nichts."

Richtig erschreckend und für psychotherapeutische Laien sicher nur schlecht nachvollziehbar sind Publikationen der jüngsten Zeit, wie z. B. „Neues vom Zappelphilipp" von Hüther und Bonney 2002. Hier wird der Einfluss früher Bindungserfahrung auf die Hirnentwicklung und die Strukturierung des Gehirns durch Erziehung und Sozialisation dargelegt, mit der Vorbemerkung „So geht es nicht mehr weiter" – gemeint sind die vielen Ratgeber über ADHS. Nach heftigem Herziehen über den Anstieg der Methylphenidat-Verschreibung wird das bisherige Wissen über ADHS als fragwürdiges Theoriegebäude dargestellt und postuliert, dass die Befunde bestenfalls Korrelate einer Störung seien, aber nicht die Ursache darstellen könnten.

Kurz und knapp, einfach als Ist-Zustand dargestellt, wird die Entwicklung der triebhaften Bedürfnisse nach Freud erläutert und, wie in vielen anderen Publikationen auch, behauptet, dass eine Mutter möglicherweise einfach nicht jeden Grund für das Unbehagen ihres Kindes verstehen und beseitigen könne und möglicherweise überfordert sei. Möglicherweise sei sie wegen ihrer Unzufriedenheit mit dem eigenen Schicksal oder anderen Empfindungen in sich oder in der Partnerschaft auch nur eingeschränkt in der Lage, dies zu tun. Der typische Vorhalt wird gemacht, dass das Kind dann entweder zu stark geklammert werde oder sich selbst überlassen und entsprechend keine sichere Bindung entstehen könne. Natürlich könne eine andere Bezugsperson hier ausgleichen, aber in der „faktischen Vaterlosigkeit" der heutigen Gesellschaft sei dies problematisch. Man müsse sich seinem Kind ganz und gar emotional, geistig und körperlich zuwenden, da es sich sonst seine eigene Lebenswelt schaffe und sich gegen fremde Einflüsse abschirme, die nicht seinen Vorstellungen entsprächen. Entsprechend wehre das Kind aggressiv ab, was dann auch zu Unruhe führe.

Erklärungsversuche für Ursachen von Störungen

Die Psychoanalyse sucht hinter jedem Symptom einen „Sinn". Das führt oft in die falsche Richtung bei Symptomen mit ADHS.

Bei der Frage nach den Ursachen von Störungen wird in der Psychoanalyse mit Unterstellungen von Sinn gearbeitet, auch dort, wo er im ersten Augenschein nicht erkennbar ist und unmöglich erscheint (Jani 2002). Im Symptom sieht die Psychoanalyse einen sinnhaften Selbstausdruck, eine Lebensäußerung, an der bisherige Beziehungserfahrungen mit wichtigen früheren Menschen beteiligt sind und einen verstellten Ausdruck gefunden haben (K. C. Jani „Der Automatiker", 2002). Die entsprechende Behandlung wolle den Patienten diesen Sinn finden lassen im Austausch zwischen dem Patienten und dem Therapeuten. Dort könne die Symptomatik zu einer neuerlichen

Beziehungserfahrung werden, über die man sich austauscht, bis durch Verstehen eine Selbstveränderung möglich sei.

Es ist nicht ganz einfach, auch wenn man „vom Fach" ist, bei den Ausführungen einiger systemischer Familientherapeuten und vor allen Dingen einiger psychoanalytisch arbeitender Kinder- und Jugendpsychotherapeuten über ihren Zynismus hinwegzusehen. Unter Verwendung von offensichtlich auch ideologiegeleiteter Information wird eine Intervention unter lerntheoretischen Gesichtspunkten als „anti-individuelle Zuchtmeisterei" abgeurteilt. Dabei wird „vermutet", dass Verhaltenstraining zum Aufbau eines Systems oberflächlicher Anpassungszwänge führe und damit kurzfristig die Auffälligkeit des Kindes reduziere, aber nicht Bestandteil eines reifen „Über-Ichs" werde. (Gemeint ist die Fähigkeit, nach der Identifikation mit den Eltern die eigenen Bedürfnisse angemessen zu unterdrücken.)

Leider gibt es noch vielerorts eine Anwendung alter theoretischer Konstrukte, die einen Nachweis der Realitätsbezogenheit schuldig bleiben.

Demgegenüber soll im Folgenden ganz sachlich ermöglicht werden zu erkennen, wo bei einer Disposition zur Reizoffenheit, Reizfilterschwäche und Impulssteuerungsschwäche bei einem Kind, seiner Mutter und seinem Vater ganz schnell „Unbehagen" entsteht, um Abhilfe ohne Schuldzuweisung zu ermöglichen.

Mit elf Jahren schrieb mir die hoch begabte Vanessa, mit einer ausgeprägten ADHS-Problematik, aus dem Urlaub einen Brief über ihre Sicht der Entwicklung eines Kindes:

„Ein kleines Kind wird geboren. Eilig beginnen die Eltern, diesem eine ‚Rüstung' zu fabrizieren. Manchmal achten die Eltern nicht genau auf Körperform und Größe, oder sie produzieren eine Durchschnittsrüstung und es ist ihnen gleichgültig, dass diese nicht auf ihr Kind passt. Es kommt auch vor, dass die Eltern für ihr stämmiges Kind eine besonders schmale Rüstung vorziehen, da sie hoffen, auf diese Weise würde sich die unschöne Körperform von allein korrigieren. Manche Kinder melden sich bald, wenn ihnen die Rüstung nicht passt, einige erst nach langer Zeit und andere nie. Bei den wenigsten wird jedoch auf ihre „Beschwerden" hin die Passform verbessert. Da das Kind ja wächst, wechselt es von Zeit zu Zeit zur nächstgrößeren Rüstung. Überspringen die Eltern eine Größe und geben ihrem Kind eine zu große Rüstung, fühlt es sich darin möglicherweise verloren und ungeborgen. Wird die

Rüstung allerdings nach einem Wachstumsschub nicht gewechselt und ist zu klein, kann sich das Kind daran schmerzhafte Schürfwunden und Druckstellen holen. Die Rüstung ist für das kleine Kind sehr wichtig, da sie es vor Schlägen schützt, sodass es sich in ihr relativ ungestört entwickeln kann. Passt sie allerdings nicht, kann sie die Entwicklung und das Wachstum auch verzögern und behindern …"

Das Kind beschreibt verblüffend eindrücklich den „Eltern-Kind-Konflikt": Die „Rüstung" steht für den Wunsch der Eltern, das, was sie von sich beim Kind wiedererkennen und an sich selbst oder dem Partner nicht mögen, „wegerziehen" zu wollen oder geheime Wünsche in der Lebenszielfindung im Kind verwirklicht sehen wollen. Aus der Sicht eines Kindes wird hier schon sehr differenziert – das Kind braucht den Schutz, es muss eben „nur" die richtige Rüstung sein.

Der Ratgeberteil dieses Buches basiert auf dem funktionellen Verstehen der Symptomatik von ADHS, um das Miteinander für die Anpassung der Halt gebenden Beziehungsrüstung zu erleichtern und die „mangelhafte Feinabstimmung" zwischen Kind und Umfeld zu verbessern.

Die Geburt

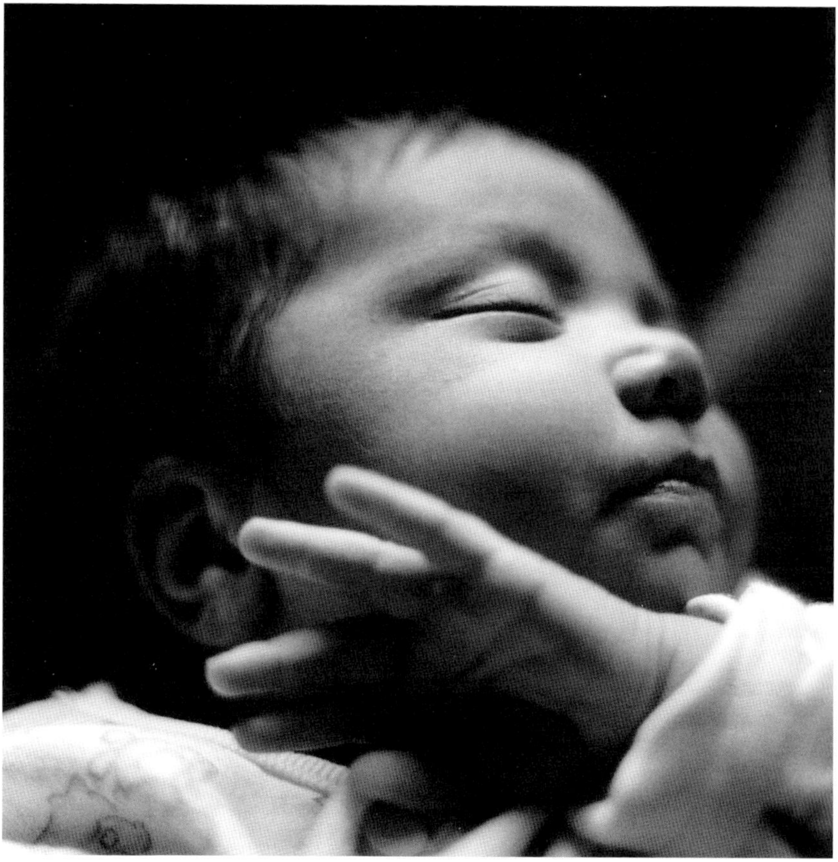

Mit der Veranlagung zu ADHS kommt ein Kind offensichtlich bereits auf die Welt. Doch es gibt keinen „typischen" Geburtsverlauf für diese Kinder. Oft ist die Geburt völlig unkompliziert und jeder freut sich auf das Kind!

Keine Geburt ist planbar

Ob eine Geburt einfach oder schwer verläuft, ob es Komplikationen gibt oder ein Risiko für das Kind besteht, scheint nicht auslösend für die Diagnose „ADHS" zu sein.

Betrachten wir die Situation realistisch. Pflegeleichte und anstrengende, ruhige und schwierige Kinder kommen nach wie vor aus gewollten oder ungewollten Schwangerschaften auf die Welt, die wunderschön und unbelastet sein können (auch bei Paaren mit ADHS!) oder auch stressbelastet. Und dies nicht nur „in unserer hektischen leistungs- und konkurrenzorientierten Welt" in Nordamerika oder Nordeuropa, sondern auch in Gebieten, wo sich wenig Menschen den Platz teilen müssen, es wenig zu essen gibt oder die Stressoren z. B. eher aus klimaextremen Naturkatastrophen bestehen.

Wenig hilfreich erscheint es deshalb, heute noch Fragen darüber zu stellen, „weshalb es immer noch Schwangerschaften gebe, die nicht gewollt seien, warum immer wieder Kinder zur Welt kämen, auf die sich niemand freue" (Hüther und Bonney 2002).

Ungeklärt ist bis heute, warum später mit ADHS diagnostizierte Kinder ohne Komplikationen während der Schwangerschaft häufig 10 bis 14 Tage nach dem errechneten Termin spontan geboren werden, aber häufig auch zu früh.

> Kommt nun ein Baby auf die Welt, das schon im Mutterleib unruhig war, sollte man sich darauf einstellen, dass es wahrscheinlich auch „außerhalb" so sein wird.

Mütter von Kindern, die bereits postpartal über lang anhaltende heftige „Regulationsstörungen" berichten (ohne organischen Befund), schildern die unterschiedlichsten Geburtsverläufe. Geburten können spontan oder eingeleitet verlaufen, mit kurzer oder langer Geburtsdauer, mit und ohne Saugglockenunterstützung, usw. Geburtskomplikationen sind Risikofaktoren, sodass der Entwicklungsverlauf sorgfältig – aber ohne Panik – beobachtet werden *muss*.

Kinder, die aufgrund von Frühgeburtlichkeit und/oder körperlichen Problemen Anpassungsschwierigkeiten haben, gelten sowieso als Risikokinder, wobei gerade Kinder mit familiärer Disposition zu ADHS einen mitunter staunen lassen.

Anna kam zusammen mit ihrem Zwillingsbruder Max in der 26. Schwangerschaftswoche mit 560 g Lebendgewicht auf die Welt und hatte extreme Schwierigkeiten mit dem Atmen. Trotz vieler Komplikationen und einem bösen Sturz mit viereinhalb Jahren hat sich das kleine Mädchen zu einem sehr intelligenten, aber sehr sensiblen kleinen Persönchen mit recht geringen Problemen entwickelt – bekam aber schon in der zwölften Lebenswoche im Inkubator beim Blutabnehmen einen heftigen Wutanfall und hörte auf zu atmen …

Kinder mit und ohne Regulationsstörungen (die später als Kinder mit ADHS diagnostiziert werden) werden in jeder Geschwisterposition geboren, auch in Mehrlingskonstellationen. Auffallend ist aber, dass etwa seit 1990 immer mehr der irritablen Babys als „Schreibabys" auffallen und viel Kummer machen. Über die Hintergründe

In den letzten Jahren nehmen die Klagen über „Schreibabys" immer mehr zu. Hat dies etwas mit der Reizüberflutung in unserer Gesellschaft zu tun?

kann man nur spekulieren. Seit dieser Zeit nahm die Bereizung im Umfeld für uns alle massiv zu. Durch die rasch anwachsende Vielzahl an elektronischen Geräten, die die Zeit schneller takten, aber möglicherweise auch „Wellensalat" anrichten, entsteht Hektik für Menschen, die eigentlich viel Beständigkeit und Einschätzbarkeit brauchen. Viele der Eltern waren zudem in der Kinderzeit schon früh völlig auf sich selbst gestellt, und das in unserem schwierigen Erziehungssystem. Dies allerdings mit drohendem Zeigefinger immer wieder nur anzumahnen, hilft weder Eltern noch Kindern.

Wie Mütter mit ADHS die Geburt erleben

Wenn eine Mutter mit ADHS ein sogleich forderndes Kind bekommt: Das ist eine echte Herausforderung!

Ihren Schilderungen nach hatten Mütter solcher Kinder (ob nun selbst betroffen oder nicht) natürlich auch Angst vor der Geburt, manche mehr, manche weniger. Manche geben dies zu, manche nicht. Viele „Chaosprinzessinnen" wissen von sich, dass die Geburtsvorbereitungskurse gut gelaufen sind. Sie haben eigentlich alles gelernt. Wenn aber die Dienst habende Hebamme oder der Arzt nicht „nett" waren, war Mitmachen zwar möglich, aber schwierig – wie früher in Schülerzeiten, als Anstrengungsbereitschaft nur bei einem Lehrer erfolgen konnte, bei dem die „Chemie" stimmte. Und – nach einer solchen Riesenanstrengung mit Erfolg wollen sie sich jetzt so gerne erst mal ausruhen, sich freuen über das, was geschafft ist. Sie haben ihr „Werk" erst mal vollbracht – und dann kommt es für sie überwältigend ganz anders …

Hebammen und Ärzte, sowie natürlich die Eltern selbst, kennen Kinder, die sofort nach der Geburt aus Leibeskräften schreien, fast unfassbar heftig. Natürlich sind alle froh, dass das Kind da ist, „mit allem dran und gesund". Sie sind irritiert, wenn schon nach wenigen Stunden die Kinderschwester oder die Hebamme kommt, um zu berichten, dass man das Kind nicht beruhigen könne oder man ihm vorsorglich schon mal einen Schnuller gegeben hätte (dabei sagen sie aber nicht, dass sie das Kind regelrecht zu „verstöpseln" versuchten). Unter Umständen wird das Kind auch einfach gebracht, damit nun die Mutter versuchen soll, es zu beruhigen.

Und das ist im wahrsten Sinn des Wortes „überwältigend" oder bedeutet eine „Überdosis Kind", wenn man eigentlich auf Ausruhen eingestellt ist und dies auch dringend bräuchte.

Ein anderer Teil der Kinder, die später mit ADHS diagnostiziert werden (egal welchen Subtyps!) fallen schon im Kreißsaal dadurch auf, dass sie direkt nach der Geburt blitzwach wirken, mit weit aufgerissenen Augen und offensichtlich sehr interessiert die Welt um sich herum wahrnehmend.

So erscheint die sofortige gefühlsmäßige Annahme des neuen Erdenbürgers fast ideal – wenn die Mama nicht zu erschöpft ist. Oder wenn sie, verletzlich, wie sie ja ist, einen „nicht so gemeinten" spontanen Kommentar, z. B. des Opas, überbewertet, wie „Na, schön ist er ja nicht, aber ein Unsriger". Auch nicht gerade aufbauend ist wohl die Äußerung des älteren Geschwisterkinds bei der „Erstinspektion": „Lass den im Krankenhaus!"

Der „Babyblues"

Der „Babyblues" nach der Geburt kann leider sehr heftig sein (wie auch die prämenstruelle Phase und später die Menopause bei Chaosprinzessinnen).

Der Östrogenspiegel hat bei Frauen mit ADHS ganz wesentlichen Einfluss auf die Stimmungslage.

Wie Nadeau und Quinn 2002 berichteten, beginnt man erst jetzt ganz allmählich zu begreifen, inwieweit ein niedriger Östrogenspiegel Auswirkungen nicht nur auf das kognitive Funktionieren, sondern auch auf die Stimmungslage bei Frauen mit ADHS hat, und sich damit die Symptomatik von ADHS deutlich verstärken kann.

Speziell Östrogen scheint im Gehirn z. T. Dopamin- und Serotonin-Rezeptoren anzuregen und im synaptischen Spalt die Konzentration von Serotonin, Dopamin und Noradrenalin zu erhöhen, wobei hier noch sehr viel Forschungsbedarf besteht.

Die Effekte sollten aber nicht außer Augen gelassen werden, nicht zuletzt, da Dopamin wesentlich ist für Kontrolle von Bewegung und Verhalten sowie die Regulierung der Emotion, Serotonin eine wesentliche Rolle spielt bei der Temperaturregulation, der Wahrnehmung und der Stimmungskontrolle, Noradrenalin als Neurotransmitter die Aktivierung reguliert und ebenfalls Einfluss auf die Stimmung hat.

Hört eine frisch gebackene Mutter nun in dieser höchst empfindlichen Phase, dass schon Millionen Frauen vor ihr auch Kinder bekommen hätten und sie sich nicht so anstellen solle usw., gerät sie, bei ADHS ohnehin stimmungslabil, ganz schnell in ein extremes depressives Loch. Ist sie hintergründig angespannt oder versucht irgendwie, alles mit Willen und Verstand selbst „auf die Reihe zu bekommen", und ist dann auch noch das Baby anstrengend, ist der Zustand einer Erschöpfungsdepression nahe. Dies vor allem, wenn sie sich überlegt, was jetzt alles auf sie zukommt, und sie sehr sicher das Gefühl hat, dass dieses Kind (wie evtl. auch schon ihre anderen Kinder) „keinen Knopf zum Abstellen hat".

Alltagserfahrungen in den ersten drei Monaten

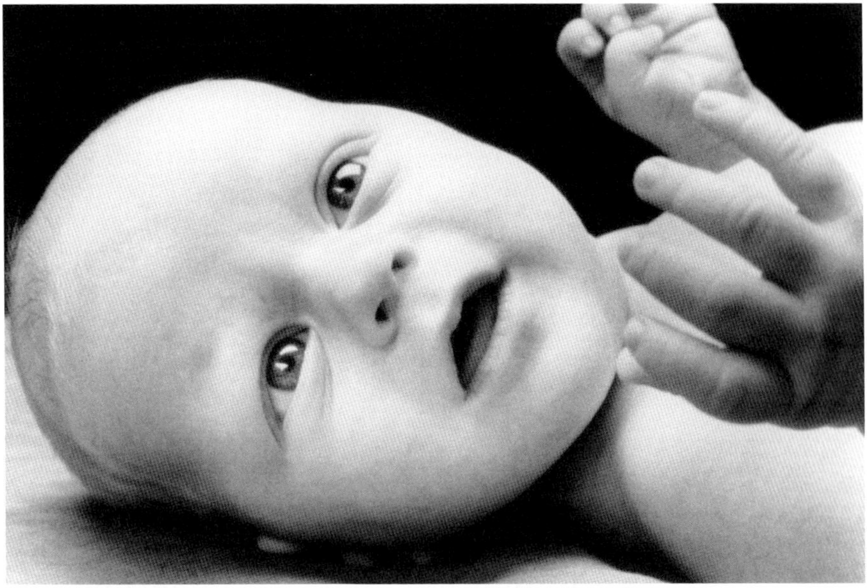

Viele Kinder, die später die Diagnose ADHS bekommen, sind im ersten Lebensjahr freundlich, sonnig und weit gehend unproblematisch. Es gibt aber eine Anzahl von Kindern, die vom ersten Lebenstag an überdurchschnittlich lebhaft und schwierig sind.

Große Erwartungen

Die meisten jungen Eltern haben den festen Willen, alles richtig zu machen – aber oft macht das Baby nicht so richtig mit!

Das Baby ist da und die Freude hoffentlich groß. Dass alle Eltern eines ersten Kindes oft unsicher sind, ob sie alles richtig machen, nachdem sie sich vielfältig informiert haben und beraten wurden, freiwillig oder unfreiwillig, ist wohl Allgemeinwissen. Im Idealfall haben sie auch im Sinn, es richtig zu machen, möglicherweise aber „ganz anders“, als sie es selbst erfahren haben. Wie bereits erwähnt, beschrieb Horst Eberhard Richter in seinem Klassiker „Eltern, Kind, Neurose“ schon 1966, was Eltern so alles mit ihren Kindern durch die unbewusste Erwartung anstellen. Sie unterliegen aber natürlich auch dem „Trend“, der in Ratgeberbüchern oder Zeitschriften für junge Familien vorgegeben wird, derzeit meist alles recht optimistisch darstellend.

Die Esoterikszene mystifiziert daneben gegenwärtig die „Indigo-Kinder“, angeblich neue Kinder mit indigofarbener Aura, die man lieben und wertschätzen soll, die man in absoluter Entscheidungsfreiheit erziehen soll (wie sich bei genauer Sichtung dieser Literatur erweist, dafür, dass sie später offen sein sollen für vielfältige Angebote von Kursen und Nahrungsmitteladditiven).

Die Zahl der Erklärungsansätze aus den unterschiedlichsten Richtungen, warum es Schwierigkeiten gibt und wie man aus diesen herausfindet, wächst immer mehr an.

Derzeit wird auch in Fachkreisen kontrovers diskutiert, ob eine Früherkennung von ADHS schon im Säuglingsalter möglich ist. Der erfahrene Kinderarzt sieht oft schon bei den ersten Vorsorgeuntersuchungen, dass zwischen Baby und Mutter irgendetwas „nicht passt“. Als Voraussetzung für eine Frühdiagnose ist eine profunde Störungsbildkenntnis des Diagnostikers zu fordern, aber auch sein Wille und seine Fähigkeit, ADHS beim Erwachsenen zu erkennen.

So schrieb die Augsburger Allgemeine Zeitung am 22.1.2002, anlässlich des zehnjährigen Bestehens der Schreibabyambulanz in München, dass Frau Dr. Papousek geäußert habe, Stress, Ängste und Konflikte während der Schwangerschaft seien mögliche Wurzeln des „Dauerbrüllens“, denn auch der Fötus bekomme dies mit. Etwas später heißt es aber auch, dass bei diesen Kindern häufig später Verhaltensstörungen auftreten könnten, wie etwa Hyperaktivität, Konzentrationsschwäche oder Aggressivität.

In der Ärztezeitung konnte man am 17.1.2002 lesen, dass 40 Prozent der „Schreibabys" später ADHS entwickelten.

Die „Schreibabys"

Ein Schreibaby fordert die Mutter vom ersten Tag an in unglaublicher Weise. Und das ist gerade für eine Mutter mit ADHS kaum zu bewältigen.

Die Mutter eines „Schreibabys" oder eines Kindes mit einer „Frühhyperkinesie" oder „Regulationsstörungen des Typus III" braucht eigentlich schon von der ersten Lebensstunde an Ermutigung, Unterstützung, Zuspruch.

Schlicht und ergreifend benötigt sie aber auch ab und zu einmal einfach jemand, der ihr das schwierige Kind abnimmt, möglichst als konstante Bezugsperson.

Wenig hilfreich sind Kommentare wie „Werden Sie erst einmal ruhig, dann beruhigt sich Ihr Kind schon von ganz allein!" Dennoch ist hier etwas Wahres dran: In der Klassifikation der Regulationsstörungen im Säuglingsalter (in den Leitlinien zur Diagnostik und Therapie von psychischen Störungen im Säugling-/Kindes- und Jugendalter) heißt es, dass Eltern die Aufgabe zufalle, den Säugling in seinen basalen Regulationsbereichen, wie z. B. der affektiven Regulation, der Schlaf-/Wachregulation und der Regulation der Nahrungsaufnahme „hoch regulatorisch zu unterstützen" und die selbstregulatorischen Kompetenzen des Säuglings zu fördern.

Was aber, wenn schon das erste Stillen problematisch ist, da das Kind zu heftig „zuschnappt" oder nur kurz nuckelt – und eine von ihrer Anlage her reizoffene und hoch irritable Mutter sofort sehr verunsichert reagiert, nachdem sie sich das erste Stillen doch so schön ausgemalt hatte – wie man es auf idyllischen Hochglanzfotos im „Elternheft" sehen kann.

Die angeborenen Grundrhythmen Hunger – Sättigung/Schlafen – Wachen laufen beobachtbar nicht synchron, die Babys erscheinen überempfindlich, übererregt. Das lässt sich häufig schon sehr früh feststellen.

Wie sich die Mutter fühlt

Das Zusammenspiel der Hormone ist sehr störanfällig mit weit reichenden emotionalen Auswirkungen.

Nichts ist für Erwachsene mit ADHS (genau wie für Kinder und Jugendliche) so schwierig, wie sich auf etwas eingestellt zu haben und dann kommt es ganz anders. Nicht nur rein hormonell passiert etwas: Oxytocin, das weibliche „Bindungshormon", wird bei der Geburt ausgeschüttet. Es hat nur wenige Minuten Halbwertzeit und führt zu Kontraktionen der Korbzellen der Milchdrüsen und damit zum Milcheinschuss, es unterstützt Uteruskontraktionen, und zwar maximal, wenn der Säugling gestillt wird. Das Hormon hemmt Aggression, fördert Bindung.

Das Stresshormon Adrenalin (das auch schon bei ängstlicher Irritation ausgeschüttet wird) besetzt aber die Rezeptoren für dieses Hormon kompetitiv und hemmt die Wirkung von Oxytocin, mit der Folge der Milchverhaltung oder des Milchstaus mit Schmerzen, bei regelrecht „wundgebissener" Brust, die unter Umständen zu einer Brustentzündung mit noch mehr Schmerzen führen kann. Aber so weit muss es nicht kommen.

Das positive Gefühl für das Kind, also auch der Oxytocinausstoß und somit die Bindung, wird natürlich durch den direkten Blickkontakt verstärkt. Und Blickkontakt mit einem sympathischen Gesicht regt limbische und frontale Hirnregionen an, die bei positiver Emotion und Bewertung aktiv sind (Spitzer 2002). Was aber, wenn ein Baby wegschaut, sich gegen Körperkontakt wehrt, nach kurzer Zeit schon schreit oder einfach einschläft? Was, wenn ein Säugling zu heftig zuschnappt oder krallt o. Ä.?

Eine Mutter, die selbst ADHS-betroffen ist, braucht nach der Geburt klare und gleichzeitig einfühlsame Unterstützung.

Wenn dazu nun noch der Östrogenabfall postpartal bei Frauen mit einer ADHS-Struktur zur Wochenbettdepression führt und das Stresshormon den Cortisol-Spiegel erhöht, gibt es ganz sicher ein Problem.

Bei einer erwachsenen Persönlichkeit, die ihrerseits reizoffen und reizfilterschwach und damit sehr beeinflussbar ist, die seit Kindesbeinen hintergründige Verlust- und Existenzängste mit sich herumschleppt, teilweise etwas unbeholfen ist, vielleicht, wenn sie sehr jung ist, auch unselbstständig, aber hoch kritikempfindlich, hilft in diesem Fall nur freundliche, ruhige, gelassene, direktive Unterstützung aus dem Umfeld. Und das gelingt umso besser, je mehr „Know-how" über die ADHS-Struktur bei Erwachsenen bekannt ist.

Leider erfolgt stattdessen häufig eine Bagatellisierung. Wenn eine solche Mama wiederholt besorgt ihre Ansprechpartner fragt, was sie denn machen soll, kommt es oft, vielleicht sogar genervt, zu Kopfschütteln, Verhaltensverschreibungen, im schlimmsten Fall zu Aussagen wie: „Du wolltest das Kind! Jetzt sieh zu, wie du damit zurechtkommst!" Oder: „Meine Güte, dreht sich denn alles nur noch um den Balg?", „Du solltest wirklich überdenken, ob es sinnvoll ist, das Kind ständig mit dir rumzuschleppen!" (Auch wenn sichtlich nur Tragen hilft.) Oder: „Grüble nicht so viel, sonst guckst du die Probleme in dein Kind rein!" usw.

Keineswegs darf man die Probleme bagatellisieren oder die Mutter mit guten Ratschlägen überhäufen.

Tatsache ist: Ein solches Kind kann man weder vorübergehend noch auf Dauer „tieffrieren, auf den Mond schießen, abstellen o. Ä.". Es ist da. Und wie. Aber es ist ein Baby und ganz sicher nicht „gefährlich", sondern gefährdet und – es braucht Hilfe, um sich in dieser hellen, lauten, schnellen Welt zurechtzufinden.

Regulationsstörungen – die Probleme des Babys

Regulationsstörungen sind meist auf mehrere Bereiche ausgedehnt und sind, wie es in der Fachsprache heißt, „weniger spezifische Störungen als vielmehr, gegenwärtig noch hypothetisch, unterschiedliche Manifestationsformen einer zugrunde liegenden generellen Problematik der kindlichen Verhaltensregulation im Kontext der Eltern-Kind-Beziehung" (Leitlinien 2000).

Das Baby kann man nicht verändern, also muss man sich auf seine Bedürfnisse einstellen.

Zu beachten ist bei dieser Begrifflichkeit, dass es in der Fachwelt im Umgang mit den Regulationsstörungen noch viel Unsicherheit gibt, bei noch zu wenig Forschung – mit daher vorsichtig-umständlichen Formulierungen.

Zu beobachten ist ein Baby, das reizoffen/filterschwach ist auf meist allen Sinneskanälen, keinen zufriedenen Wachzustand produzieren kann, nicht „abschalten" kann, geruchs-, geräusch-, berührungs-, lageempfindlich ist, ein Kurzschläfer, mit gespanntem Muskeltonus, häufig ein „heikler Esser", später auch auffallend mit „Dysregulation in der selektiven Sinneswahrnehmung": ein „high need baby", das sein Umfeld ganz besonders fordert. Hier hilft zunächst nur Akzeptanz und, wie Mauri Fries 2002 klar beschreibt: sich ausruhen, wenn das Baby schläft!

Ich bin da – freut euch, verdammt noch mal!

Jeder gibt seine Meinung über das Baby und den richtigen Umgang mit ihm ab. Einiges ist dabei für Mütter mit ADHS oft schwer zu schlucken.

Idealerweise sind nicht nur Mutter und Vater für das Baby da, sondern auch Geschwisterkinder, Großeltern, Freunde, Nachbarn usw. Daneben unterstützen und beraten die Hebamme, die Kinderschwester und der Kinderarzt als Fachleute. Jeder nimmt jedoch nur Teilaspekte des Kindes wahr, ob es nun eine spezifische Ähnlichkeit mit jemandem aus der Familie ist, vielleicht die auffallende Wachheit: „Na, aus der wird mal was!", bis zu den typischen Kommentaren: „Bei meinem Kind war das so und so."

Besteht beim erwachsenen Elternteil eine Disposition zu ADHS, gerät er blitzschnell, auch jetzt oft aus geringstem Anlass einer beiläufigen Bemerkung, in den Hyperfokus der Befürchtung der Befürchtung. Das Baby schreit wimmernd, hat ein hartes Bäuchlein. Der junge engagierte Arzt äußert beiläufig, man müsse vielleicht mal einen Ultraschall machen, um einen Darmverschluss auszuschließen – die Panik ist programmiert. Folgend der Spontanidee des Gehirns versucht jetzt der Erwachsene beim Kind, das getröstet wird (aber trotzdem weiterschreit oder sich abwendet oder steif macht, wenn Kontakt zu ihm aufgenommen wird), immer wieder etwas anderes und Neues – und das schnell! Je unsicherer die Mama oder der Papa dabei ist, desto erregter wird das Kind, das sich dann, wenn eine Bezugsperson dazukommt, die entspannt und gelassen ist und signalisiert, kompetent zu sein, auch ganz schnell wieder beruhigen lässt. Der erfahrene Kinderarzt zeigt z. B. der Mutter, wie er nur seine warme Hand beruhigend und fest auf den Bauch des Kindes legt, mit der anderen Hand das Köpfchen umfassend. Dies löst beim hoch irritablen Elternteil auf der einen Seite kurzfristig Entlastung aus, auf der anderen Seite aber sofort ein Gefühl der Hilflosigkeit oder

der Minderwertigkeit, im schlimmsten Fall auch einmal des Ärgers oder der Wut, wenn er wieder zu Hause ist.

Die Situation wird besonders vertrackt, wenn die Bezugsperson, die das Kind beruhigen, erfolgreich trösten oder zum Schlafen bringen kann, evtl. die eigene Mutter oder Schwiegermutter ist, die dann vielleicht nur „so nebenher“ irgendeinen messerscharf treffenden Kommentar von sich gibt, wie: „Mein Gott, so schwierig ist das doch nicht!“ Oder: „Steiger dich doch nicht so rein, es geht doch!“ usw.

Wie das Kind reagiert

Ein solcher Winzling mag auf der einen Seite dadurch faszinieren, dass er schon ganz früh den Kopf hebt, sich mit acht Wochen ganz stramm macht und sich mit den Füßchen abstemmt, wenn man ihn hochhebt, als ob er schon stehen wollte (oder dies sogar mit Festhalten schon tut!), schon früh die Fäustchen öffnet und interessiert an etwas manipuliert, oft schon früh strahlend lächelt usw. Das freut und macht stolz – also: Genießen Sie es!

Ein solcher Winzling zeigt oft aber auch eine extreme Abwehr: gegen das Waschen des Gesichts oder gar der Härchen, er scheint nicht gewickelt werden zu wollen, nicht angezogen, kann oft Schmusen nur ganz kurz aushalten.

„Begrenzung" und Kontakt werden vom Kind oft aktiv schon früh gesucht – aber von sich aus! Es hat den Kopf am Bettrand, das Händchen an den Haaren, dem Ohr der Mutter …

Dennoch scheint der Säugling erfahrungsgemäß „Begrenzung" zu brauchen, wenn sie ihm *unaufgeregt* gegeben wird, und sich darin sogar zu entspannen. Baden erscheint bisweilen über einige Zeit hinweg sinnvoller im Badetopf als in der Badewanne, aufrechtes Wickeln sinnvoller als im Liegen. Manche Babys mögen es, am Lebensanfang immer in ein dünnes Tuch gewickelt zu sein („Pucken"). Sie brauchen es, dass die Bezugspersonen sie viel tragen.

Ein solcher Winzling braucht möglicherweise mehr als zwei Wochen, um sein Geburtsgewicht wieder zu erreichen, oder er trinkt am vierten Lebenstag schon 160 g Muttermilch. Er macht bei jeder Nahrungsumstellung „Schwierigkeiten", d. h. er lehnt Neues erst einmal ab, oft schon in den ersten drei Monaten, wenn man z. B. versucht, dem Kind eine hoffentlich besser „verdauliche" Milch zu geben.

Wichtig: das Problem erkennen!

Das Kind ist „anders" – sinnvollerweise stellen sich alle darauf ein!

Wissen Eltern nicht Bescheid darüber, dass es solche Regulationsstörungen gibt, werden sie selbst immer wieder andere Gründe vermuten und dann immer schneller alles Mögliche probieren. Die Eltern und auch das Umfeld werden zunehmend anlagebedingte oder krankhafte Ursachen vermuten. So wird erwogen, dass das Kind einfach sehr temperamentvoll sei oder seit dem ersten Lebenstag schon einen ausgesprochen starken Willen habe wie der Großvater. Häufig kommt jedoch auch ins Kalkül, ob nicht doch irgendetwas dem Kind vorgeburtlich geschadet haben könnte – der dazu befragte Kinderarzt kann seinerseits auch nur Vermutungen anstellen.

Gerade eine Chaosprinzessin geht dann häufig in die Selbstanklage, weil sie vielleicht erst im dritten oder vierten Monat gemerkt hat, dass sie überhaupt schwanger ist, vorher noch Zigaretten geraucht hat, ab und zu Alkohol getrunken hat oder ein Medikament genommen hat.

> Die Beschäftigung mit der eigenen Unsicherheit, mit den Ratschlägen oder den Fehlschlägen durch die Spontankorrekturen behindert eine hypersensible Mama (im Sinne einer ADHS-Struktur) in ihrer eigentlich sehr feinen intuitiven Fähigkeit, sich „automatisch" auf ihr Baby einzustellen.

Die Eltern sollten auf ihre Sensibilität und Intuition im Umgang mit dem Kind vertrauen.

Die Videodiagnostik macht offenkundig, was sich früher in der sorgsamen Verhaltensbeobachtung abzeichnete: Die Eltern und dem Kind auch sonst zugewandte Bezugspersonen nehmen normalerweise vor jeder Handlung mit dem Baby Kontakt auf, indem sie es anlächeln und die Äußerungen des Babys imitieren und sie ggf. langsam und übertrieben wiederholen. Bei „schwierigen" Babys bleibt das ganz schnell aus, man versucht zunehmend schnell, das „vermutete Bedürfnis" zu befriedigen. Unter Stress fallen Eltern oft in eine höhere Stimmlage im Dialog mit dem Säugling. Gerade schwierige Babys profitieren aber eher von einer tieferen Stimmlage.

Aus der Wahrnehmungsforschung wissen wir, dass Kinder im Entstehungsprozess ihres Bewusstseins mit der taktilkinästhetischen Wahrnehmung beginnen, d. h. mit dem Spüren und dem Berühren ihres Umfelds. Wesentlich für die Wahrnehmung ist das Spüren der Widerstandsveränderung.

So betonte Felice Affolter schon 1987, dass das Baby in den ersten Wochen wohl noch nicht unterscheiden kann, was solche Widerstandsveränderungen hervorruft und welchen Anteil dabei der eigene Körper ausführt, was z. B. von der Unterlage oder von der Seite her erzeugt wird. Durch vermehrte Bewegung wird es dies aber immer deutlicher unterscheiden. Das Kind beginnt die Widerstandsveränderung gegenüber der Unterlage und der eigenen Körperschwere wahrzunehmen und ebenso zusätzlich den Widerstand gegenüber einem seitlich gelagerten Gegenstand.

> Die Beobachtung der schwierigen Babys zeigt, dass sie möglicherweise schon sehr früh selbst reizoffen sind, alles extrem spüren und quasi vom Lebensstart an etwas „länger" brauchen, offensichtlich auch immer wieder (auch intensiv) die gleiche Erfahrung machen müssen, bis sie wirklich „sicher" in der Wahrnehmung sind und etwas ausreichend „gewöhnt" sind. Dies, obwohl sie im Gegenzug von sich aus immer wieder „Entwicklungshüpfer" machen, mit einer eher schnelleren psychomotorischen Entwicklung und dem beobachtbaren Verhalten des „Schnell-groß-werden-Wollens".

Auffällig ist die Berührungs- und Veränderungsempfindlichkeit.

Obwohl lautstark und bisweilen recht massiv seine vielen oft rätselhaften Bedürfnisse mit Schreien augenblicklich und sofort einfordernd, reagiert so ein Kleines schon ganz früh äußerst heftig auf Hektik und plötzliche Veränderungen. Kinder mit Regulationsstörungen, die später ADHS entwickeln, haben damit lang anhaltend Probleme. Schon solche Babys profitieren davon, wenn man ihnen, egal was man tut, vorher immer alles ankündigt, mit ruhiger Stimme, die freundlich klingt, ruhig auch in Babysprache. „Du, wir sollten jetzt eine frische Hose machen, hm?"

Ein bisschen Warten hilft sehr! Erst das Baby beobachten, wie es reagiert, es evtl. nochmals ansprechen oder am Bäuchlein berühren und es erst aufnehmen, wenn es „erreichbar" scheint – es wird weniger abwehren, wenn es sich „orientiert" hat!

Häufig besteht eine starke Geräuschempfindlichkeit.

Manche Kinder sind schon früh auffallend geräuschempfindlich, was dringlich Beachtung finden sollte.

Und wenn es noch so altmodisch klingen mag: Reduktion des ständigen Gedudels durch Fernseher oder Radio hilft dem regulationsgestörten Baby ebenso wie eine darin unterstützte und ermutigte Mama, die sorgfältig beobachtet, auf was ihr Kind überreagiert. So ist Spazierengehen in der Natur – und wenn es in der Stadt auf dem Friedhof ist – einfach besser als „Shopping". Auch zusammen mit anderen draußen den Kinderwagen zu schieben und sich zu unterhalten scheint weniger belastend für das Baby, als in einer Wohnung zu sein, wo z. B. andere Kinder oder viele Erwachsene durcheinander reden und Geräusche machen.

Viele Babys scheinen ständig „Animation" zu suchen, und zwar schon am Ende des dritten Monats, die z. B. ein impulsiver Elternteil auch gern gibt, oft ein bisschen heftig. Dann reagieren sie aber blitzschnell überreizt und brüllen.

Solche Babys brauchen von Anfang an Ruhe, Struktur und Rituale.

Sinnvoll scheint es, möglichst am gleichen (so gut es geht ruhigen) Platz zu stillen und zu füttern, mit Ankündigung und Blickkontaktaufnahme, in einer für Mutter und Kind bequemen Lage.

Wenn Geschwister da sind

Mütter mit noch weiteren Kindern fragen oft verzweifelt, was sie denn jetzt mit dem oder den Geschwisterkindern machen sollen, um sich ausreichend ruhig und intensiv mit dem anstrengendem Baby beschäftigen zu können.

Die Ankunft eines „schwierigen" Babys bedeutet auch für Geschwisterkinder eine große Belastung.

So gut es geht, sollte man die Geschwister mit sinnvollen Aufträgen einbinden, in der Familie die Zeit takten, überflüssigen Stress vorübergehend abstellen (vielleicht kann die Mutter eines Freundes die Fünfjährige mit zur Musikschule nehmen?). Ist der Neuankömmling in der Familie sehr schwierig, kann das Geschwisterkind einige Zeit (nicht zu lang) seine Zuwendung ganz sicher besser beim Aufenthalt bei der Oma oder der Patentante bekommen und nimmt weniger Schaden in seiner kleinen Seele, als wenn es immer wieder mitbekommt, wie die Mama sich eigentlich nur noch ständig um das unzufriedene Kleine kümmert – und dabei lernt: Ich quäke, also bin ich – und kriege ich!

Hier wird nichts helfen als freundlich und sehr direktiv zu sein. Zeiten der „Babyruhe" werden dann auch für das Geschwisterkind genutzt. Papa geht am Samstag mit dem Baby in den Wald und Mama macht etwas mit den anderen Kindern. Je unaufgeregter und pragmatischer reagiert wird, das Geschwisterkind vorwiegend signalisiert bekommt, dass man es mag – allerdings ohne plötzliche Verhätschelung und/oder Verwöhnung –, desto weniger wird es in seiner seelischen Entwicklung Schaden nehmen. Großen Schaden erleidet es jedoch sicher, wenn es mitbekommt, dass sich „alles" nur noch um dieses „zornigelige kleine Teil" (aus seiner Sicht!) dreht, zu dem es selbst auch noch „rücksichtsvoll" sein soll, und Mami es selbst eigentlich nur noch abwehrt und wegschickt.

Seismographisch nehmen diese Kinder die Stimmungen ihrer Umgebung auf.

Gerade regulationsgestörte Säuglinge können mit plötzlichem Lärm (auch Brüllen des Bruders!) oder dem plötzlichen, abrupten Weiter-gereicht-Werden von einer Bezugsperson zur anderen (im Erschöpfungszustand der Hauptbezugsperson) gar nichts anfangen und reagieren mit entsprechendem Widerstand. Diese Kinder spüren eben leider ihrerseits übersensibel die anwachsende Anspannung des Gegenübers „seismographisch".

„Man könnte meinen, mein Baby spürt sofort, wenn ich angespannt bin – wahrscheinlich geht mein Adrenalin direkt in die Muttermilch über!"
Eine Mutter, 36 Jahre

Dieser Kindertyp scheint zudem extrem darauf angewiesen zu sein, konstant und intensiv seine Umgebung und „Unterlage" zu spüren, er reagiert irritiert und heftig auf mehrfache Umlagerungs- oder Umbettungsversuche, die ihn offensichtlich konfus machen. Manche mögen es, in „Flieger-Position" auf dem Unterarm gehalten zu werden – das hält man nur nicht lange durch.

Hilft „Ablenkung"?

Manche Babys beruhigen sich bei klassischer Musik von Bach, Mozart oder Beethoven – vorübergehend (wenn die Musik nicht zu laut ist). Es scheint so, dass ein Spielzeug beruhigen kann – kurz. Sicher nicht die für ihre feinen Öhrchen noch viel zu laute Spieluhr! Besser ist es z. B., selbst bequem mit aufgestellten Beinen auf dem Sofa oder an der Wand angelehnt sitzend, den kleinen Spatz zu sich gewandt oder in der Wippe einem gegenüber zu haben – und mit ihm ein bisschen zu brummeln, wenn Körperkontakt gerade „zu dicht" erscheint. Dann kann man auch aufpassen, dass sich das Baby nicht ins Schreien hineinsteigert und überstreckt, was zu großem Unbehagen führt.

Wenig hilfreich erscheint in diesem Zusammenhang ein angeblich amüsantes Buch von Simon Brett mit dem Titel „Wie ich meinen Eltern den letzten Nerv raubte – Enthüllungen eines Säuglings". Hier wird der Anschein erweckt, dass das Kind schon ab dem ersten Lebenstag erkennen könne, dass die Eltern völlig abhängig von ihm seien, auf jede kleinste Verhaltensveränderung reagierten und sich das Kind quasi schon am ersten Lebenstag „zurechtlegen" könne, dass es der Boss sei. So wird unter anderem ausgeführt, dass ein Kind schon am 20. Lebenstag beschließen könne, ein Schlückchen Erbrochenes beim Bäuerchen „gezielt" zu platzieren.

Hilfreich sind freundlich-direktive starke Signale sowie Rituale.

Füttern und Gewichtszunahme

Bei vielen dieser Kinder kommt leider immer wieder beim „Bäuerchen" ein bisschen Nahrung hoch, manche erscheinen als „Speikind", auch ohne Magenpförtnerkrampf.

Viele dieser Kinder haben Probleme mit der Verdauung.

Tatsächlich haben offensichtlich viele solche früh unruhigen und hoch irritablen Babys heftige Schwierigkeiten mit ihrem Bäuchlein, ohne organischen Befund. Sie schreien phasenweise einfach wirklich heftig vor Schmerz, entwickeln so genannte „3-Monats-Koliken". Möglicherweise, weil sie viel Luft schlucken, wenn sie oft einfach sehr hastig trinken, oder weil ihr Verdauungssystem Probleme hat, sich an die Nahrung zu gewöhnen. Bei vielen Kindern ist der Darm voller Luft – aber „Abpupsen" schwierig; oft hält dies weit über den dritten Monat hinaus an.

Ein Stofftier aus Frottee mit Innenleben aus Kirschkernen, angewärmt und aufs Bäuchlein platziert, ein Rezept aus Urgroßmutters Ratgeber, wirkt oft ganz prima bei den ganz Kleinen. Sofern es toleriert wird, wirkt auch sanfte kreisende Massage – aber es muss fürs Baby eine angenehme Temperatur herrschen, nicht zu kalt und nicht zu warm – viel Beobachtung ist angesagt!

Es gibt aber auch Babys, die ganz im Gegenteil beim Stillen immer wieder einschlafen oder nur kurz und „lasch" nuckeln, nicht genügend trinken und nach kurzer Zeit schon wieder Hunger haben.

Auch hier herrscht Ratlosigkeit. Muss man das Kind nun alle zwei Stunden anlegen, muss man es immer wieder wiegen, damit man sicher ist, dass es genug hat, oder verträgt es vielleicht die Muttermilch nicht?

Schon ganz kleine Babys können, unter welchen Bedingungen auch immer, ganz unterschiedlich Hunger haben, gedeihen aber trotzdem später gut, wenn man sich einfach darauf einstellt, dass sich hier möglicherweise ein Kind entwickelt, bei dem einfach alles ein bisschen anders ist und es sich mit hoher Wahrscheinlichkeit später nicht auf dem „goldenen Mittelweg" bewegen wird und daher einfach eine etwas andere „Behandlung" braucht.

Natürlich ist der regelmäßige Gang zum Kinderarzt, der hoffentlich die Fragen der Mutter und des Vaters ernst nimmt, notwendig. Bei der U3 in der sechsten Lebenswoche, der U4 im vierten Lebensmonat, der U5 im siebten Lebensmonat muss oft eine gezielte Beratung zum Lebensrhythmus erfolgen, aber natürlich auch eine organische Ursache von Auffälligkeiten abgeklärt werden.

Bei den unregelmäßigen Essern unter den Winzlingen erscheint ständiges Wiegen des Kindes jedoch eher kontraproduktiv, da es nur die Eltern in Aufregung versetzt und dies das Kind wiederum spürt. Je unaufgeregter das Miteinander abläuft und je unaufgeregter das Umfeld reagiert, desto besser. Leicht gesagt – schwer getan! Fiebert ein solches Kind, tut es das heftig. Durchfall kann gleich wässrig sein – der Kinderarzt wünschenswerterweise geduldig, auch wenn er öfter konsultiert wird …

Ruhe und Bedachtsamkeit sind wünschenswert im Umgang mit dem Baby.

> Der grundsätzliche Rat an Familien mit regulationsgestörten Babys ist, sich nicht durch immer wieder andersartige Beratungsansätze unterschiedlicher Leute verunsichern zu lassen. Besser ist es, auf die eigene Intuition und die Beratung des Arztes des Vertrauens zu hören und vor jedem Handeln das Baby immer erst einmal genau zu beobachten.

Der Umgang mit dem Baby

Das Baby braucht Akzeptanz seiner „Individualität" – dies aber konstant.

Gerade „Chaosprinzessinnen" spüren oft sehr sensibel und genau, was ihr Baby eigentlich braucht und signalisiert. Das eine Baby will regelrecht fest eingepackt sein und in einer etwas dunkleren Ecke, mit wenig Geräuschen, gefüttert oder gestillt werden, das andere braucht es hell, das Nächste kann es nicht leiden, wenn man z. B. während des Stillens sein Händchen festhält usw.

Manche ertragen nur ganz kurz Körperkontakt. Füttern geht dann besser, wenn es auf einer von ihm akzeptierten Unterlage liegt oder angelehnt ist oder z. B. von vorn die Flasche bekommt.

Das eine Baby braucht den Schnuller, um sich zu beruhigen, das andere kann ihn nicht ausstehen – bitte akzeptieren!

Speziell in den ersten drei Monaten erscheint es sehr hilfreich und für das Kind wohl beruhigend, es, so weit möglich, immer am gleichen Platz an- und auszuziehen und zu wickeln, immer mit Vorankündigung, und ihm ein „bisschen Zeit" zum Reagieren zu lassen.

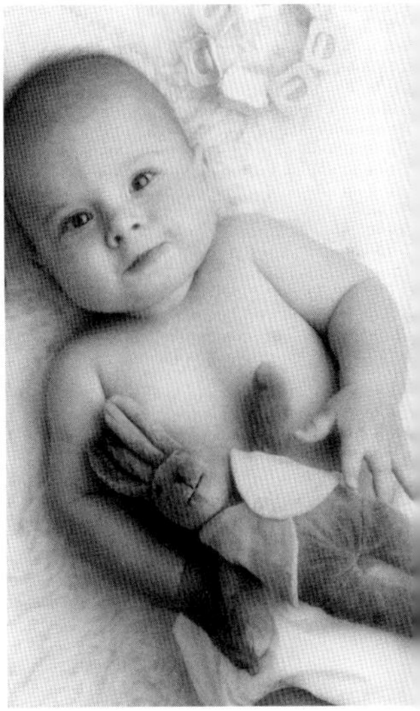

Anziehen und Wickeln

Als effektiv hat sich dabei erwiesen, mit dem Kind immer ein bisschen zu reden (aber bitte nicht zu viel!), seine Tönchen zu wiederholen und während des Wickel-Anzieh-Prozesses immer wieder auch nur über die Mimik (die Augen groß machen!) Kontakt zu halten.

Bei manchen der schon ganz Kleinen zeigt sich, dass das ständige auf das Kind „beruhigend Einreden“ während des An- und Ausziehens offensichtlich zu viel ist für das Kind. Kurze, knappe Ankündigungen mit eher gesenkter Stimme und Ruhe sowie Führen des Ärmchens und des Beinchens mit eher festem Griff oder entsprechendes Hin- und Herwenden des Körpers mit Führung über Hand/Unterarm wirken wohl sicher und beruhigend. Aber Mamas Hände müssen warm sein! An- und Ausziehen schätzen Kinder mit Regulationsstörungen und späterer ADHS-Struktur ihre ganze Kleinkindzeit über nicht! (Und dies nicht nur, weil es „langweilige“ und/oder einengende Prozeduren sind.)

Bei unruhigen Babys bestehen oft Probleme mit der Sinnesintegration.

Viele solcher unruhigen und fordernden Babys haben offensichtlich Probleme, äußere und innere Sinneswahrnehmungen richtig miteinander zu verknüpfen und zu integrieren, möglicherweise im Sinne einer „Wahrnehmungsstörung“, wie sich später häufig auch bewahrheitet. Viel Stimulation über die sog. „Fernsinne“ wie Gehör und Augen, d. h. Hören und Sehen, macht es für sie schwieriger, der Umgang mit ihnen mit festem Griff und warmen Händen leichter. Erwachsene mit ADHS haben oft kalte Hände, v. a. bei Stress und Hektik – notfalls die Hände mit warmem Wasser „temperieren“ – das Baby dankt es!

Die Temperaturregulation

Oft ist schon früh erkennbar, dass es solchen unruhigen und fordernden Babys oft schnell zu kalt oder zu warm ist. Als ganz Kleine neigen sie dazu, schnell marmorierte Händchen oder Füßchen zu bekommen, wenn sie ausgezogen werden. Viele werden dann auch ein bisschen steif, man merkt ihnen an, dass sie das nicht mögen. Viele schätzen Temperaturunterschiede ein Leben lang nicht, mit ihrer oft bleibenden, eigenwilligen Thermoregulation (im Sommer mögen sie den Wollpulli nicht ausziehen, im Winter wollen sie oft nur leicht bekleidet herumlaufen). Ein Horror ist es offensichtlich, aus dem warmen Bett direkt unter die Dusche zu gehen. Viele reagieren daneben oft abwehrend auf ihnen unangenehme Kleidungsstücke (häufig aus Kunstfasern oder „kratziger“ Wolle).

Die Signale des Babys

Ob das Kind nun wenig schläft, viel schreit oder pflegeschwierig ist, das Wichtigste ist, sich darauf einzustellen.

Es ist leider so: Aus einem Baby mit Verdacht auf ADHS wird kein „pflegeleichtes" Kind.

Es bringt wenig, sich zunehmend bedrückt oder auch neidvoll in Gesprächen erzählen lassen zu müssen, dass andere Babys ganz friedlich seien und besonders viel schliefen. Sogar kontraproduktiv ist es, immer wieder mit anderen Methoden zu versuchen, das Kind zu beruhigen, ihm etwa unterschiedliche Spieluhren zu präsentieren oder zu versuchen, es mit viel Ablenkung und Angeboten „müde" zu machen. Der Ton einer Spieluhr ist für ein so junges Babyohr viel zu laut, bis fast zur Schmerzgrenze. Eines lässt sich immer wieder beobachten: Alle Babys, und besonders auch regulationsgestörte Babys, zeigen durch Blickabwendung, wann es ihnen „zu viel" ist. Diese Blickabwendung kann nur sehr kurz oder u. U. auch von Dauer sein, mit Entwicklung einer „Schokoladenseite". Viele Kinder mit später diagnostiziertem ADHS wirken früher oder später ein bisschen „schief", was dann z. B. der Ostheopath erkennt und behandelt, speziell bei oft schon früh hohem Muskeltonus (entsprechend minimalen Verkrampfungen bei zu hoher Bereizung?). Solche Kinder überraschen bei der Untersuchung auch mit „unregelmäßigen" Reflexmustern – je nach Tagesform oder weil die Auslösung der Lagereaktionen sie einfach „überfällt"? Erfahrene Neuropädiater sehen durchaus kleine feinneurologische Zeichen bei solchen Kindern, und zwar auch noch im Vorschul- und Grundschulalter, wobei die Kinder bei „Interesse" teilweise erstaunlich geschickt sein können!

Achtung:
Es geht nicht nur um die „Passung" oder Feinabstimmung zwischen Mutter und Kind, sondern um das Verhalten aller Bezugspersonen im Umgang mit einem regulationsgestörten Baby. Oft wird impulsiv ein viel zu großes Spielzeug viel zu nah an ein solches Kind herangebracht, plötzlich ein Handgriff unvermittelt gemacht und für das Baby unvermittelt heftig, es wird durch die Aktion der Bezugsperson überreizt – spontane Abwehr ist die Folge.

Die Reaktionen der Eltern

Ein „schwieriges" Baby ist für die Eltern eine extreme Herausforderung und führt sie immer wieder an ihre Grenzen.

Eigene Erschöpfung und Schlafentzug steigern angespannte Unsicherheit und Erregung und führen schnell zu heftigen Empfindungen der Hilflosigkeit und des Versagens, ab und an natürlich auch durchsetzt von negativen und bisweilen aggressiven Gedanken.

So wird das Kind natürlich besonders vom impulskontrollschwachen, selbstbetroffenen Elternteil vor allen Dingen während der Zeit zwischen dem dritten und sechsten Lebensmonat auch mal „heftig" angefasst. Der Elternteil erschrickt oft selber sehr, mit entsprechenden Schuldgefühlen und Selbstvorwürfen, mit dem Kerlchen nicht „fertig" zu werden. Dies kann nun wirklich zu Beziehungs- und Bindungsstörungen führen, wenn keine zielführende Hilfe erfolgt, die man z. B. in einer guten „Schreiambulanz" bekommen kann.

Damit es nicht so weit kommt, gilt es sich auszuruhen, wenn das Baby sich ausruht oder schläft, und sich darauf einzustellen, dass einfach eine schwierige Lebensphase zu überstehen ist, die nicht nur Kraft kostet, sondern auch Erfahrung und Nervenstärke bringt.

Es ist keine Schande, die Bezugsperson, die einfach in einem ausgeruhteren Zustand ist, zu Hilfe zu holen, um sich selbst kurz entspannen zu können! In der Partnerschaft muss vereinbart werden, dass im Haushalt derzeit nur das Nötigste passieren kann.

„Speikinder sind Gedeihkinder" klingt gut, macht aber nicht nur besorgt, sondern auch Berge von Wäsche. Ein „Baby-Nahkampf-Hausanzug" und ein großer Schuss Humor bringen mehr als ständiges Umziehen und Waschen.

Vor allen Dingen beim ADHS-selbstbetroffenen Elternteil entsteht sonst auch durch so eine „Kleinigkeit" ganz schnell die missliche Situation, dass man zwar durchaus jeden Tag gern wieder von Neuem beginnt und es auch besonders richtig machen möchte. Durch die Angespanntheit, die das Kind spürt und mit sofortigem Quengeln und Stressreaktionen seinerseits beantwortet, fühlt man sich aber immer wieder „überfallen" und es entsteht der typische Teufelskreis.

Friese schrieb hilfreich 1995 einen direkten Appell an die Eltern. Es gebe keine wichtigere Beziehung als die, die sie persönlich zu ihrem Kind hätten, und es sei ein Glück für das Kind, mit den Eltern zu leben. In der Bindung zu den Eltern suche das Kind Orientierung und Hilfe. Und Friese tröstet weiter, dass ein vorübergehendes Unwissen über die seelischen Grundbedürfnisse von Kindern oder entwicklungsbedingte Besonderheiten Teile eines normalen Erziehungsverhaltens seien. Er folgert klar daraus, dass es keine perfekten Eltern gebe und auch keine perfekten Bindungen, aber belastungsfähige Beziehungen.

Es gibt keine perfekten Eltern – das sollte man sich immer wieder sagen.

So schildern Eltern auch von schwierigsten Babys immer wieder, dass sie sich selber wunderten, wie sie überhaupt durchgehalten haben. Außenstehende, selbst der Kinderarzt, empfanden das Kind dabei als besonders gut entwickelt …

Viele Fragen – und wie hält man das durch?

Ein Kind gilt als exzessiv schreiend, wenn es über mindestens drei Wochen an mindestens drei Tagen in der Woche jeweils mindestens drei Stunden lang quengelt und schreit, häufig abends, mit Unruhe unklarer Ursache, oft hoch rotem Gesicht, geblähtem Bäuchlein und Überstreckungstendenz. Bei den ganz Kleinen in den ersten drei Monaten hilft nur tragen, Bäuchlein wärmen, der Überstreckung entgegenwirken, unter Einbeziehung (hoffentlich möglich!) von mindestens einer weiteren geduldigen Bezugsperson.

Geduld und Unterstützung durch weitere Bezugspersonen – anders geht es nicht.

Der Schlafplatz

In den ersten vier bis sechs Lebenswochen werden nach Kast-Zahn und Morgenrot etwa 45 Prozent aller Kinder nachts zweimal oder öfter wach.

Einschlafprobleme, verzögertes Einschlafen, häufiges Aufwachen bereiten oft Kummer auch bei den ganz Kleinen.

Gibt es den besten Schlafplatz? Sicher nicht. Es wird der sein, der möglich ist, den die Eltern bestimmen. Eine Wiege, ein Bettchen, ein von der Decke herabhängender Korb kann es sein oder auch vorübergehend das Elternbett – nur sollte es bei einem „schwierigen“ Baby möglichst immer die gleiche Schlafumgebung sein und es soll-

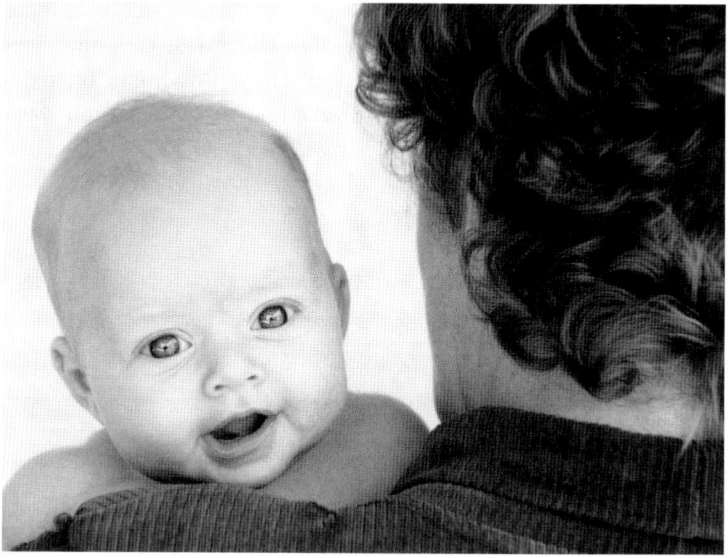

te vor allem möglichst vom dritten bis zehnten Monat an immer an dem Platz aufwachen, an dem es eingeschlafen ist!

Wir wissen dabei noch überhaupt nicht, welche Auswirkungen unsere vielfältigen Geräte der Hochtechnologie auf regulationsgestörte Babys haben, weshalb der Schlafplatz möglichst nicht im Empfangsbereich einer SAT-Schüssel sein sollte oder in einem Raum mit elektronischen Geräten – nur zur Vorsicht.

Braucht das Kind einen festen Rhythmus?

Gleichmäßigkeit, Ruhe, wenig Veränderungen und Reize – das ist für das Baby am besten.

Im Großen und Ganzen ja, vor allen Dingen aber in den ersten drei Lebensmonaten möglichst wenige Ortswechsel. Je gleichmäßiger der Tagesablauf der Familie ist, v. a. je ruhiger, desto besser – für alle.

Eltern von solchen Kindern wissen, dass ihr Kind im zweiten Trimenon nicht 12 bis 15 Stunden am Tag schläft. Sie wissen auch, dass eine elfstündige Nachtruhe ohne Mahlzeiten und ein Vormittags- oder Nachmittagsschläfchen noch nicht unbedingt stabil erlernbar sind. Sie nehmen vielmehr wahr, dass ihr Kind auch hinsichtlich des Schlafbedürfnisses eigentlich jeden Tag ein bisschen anders ist und Phasen hat, in denen das Vormittags- und Nachmittagsschläfchen gut eingefordert werden können und es dann auch nachts acht bis zehn Stunden durchhält. Sie wissen aber auch, dass es immer wieder Phasen von einigen Tagen oder auch einigen Wochen gibt, in denen es überhaupt nicht so klappen will, und sie wissen auch, dass man sie dafür nicht verantwortlich machen kann, sondern dass das eine Eigenheit des Kindes ist.

„Er schlief schwer ein und wachte nach zwei Stunden mit Gebrüll wieder auf, dann kam er jede Stunde. Das ging von nachts um 12.00 Uhr bis morgens um 6.00 Uhr so und dann war er wach. Nach einem halben Jahr bekam ich einen Hörsturz. Ich legte meine Matratze ins Kinderzimmer, sodass ich nicht immer aufstehen musste. Mit Schnuller und gutem Zureden ließ er sich schnell beruhigen, wenn er sich nicht ‚eingebrüllt' hatte."

Unkonventionelle Maßnahmen werden manchmal einfach nötig. Brüllt ein Kind sich ein, oft völlig verzweifelt und bis zum Erbrechen, bringt es wirklich nichts, mit dem Kind „schlafen lernen" zu wollen nach festem Plan, wie bei Kast-Zahn und Morgenroth 1997 beschrieben wird, dem Kind immer wieder rückversichernd, dass man da ist.

Möglicherweise müssen sich Mama und Papa gegebenenfalls abwechseln mit ihrer Präsenz, da in schwierigen Phasen das Kind sonst sogar brüllen kann, bis es blau wird.

Brauchen diese Babys Versorgung rund um die Uhr?

Regulationsgestörte Babys können sich oft nicht selbst beruhigen und brauchen dabei Hilfe.

Natürlich kann man Babys schon in diesem Alter durch das sofortige Verabreichen eines Teefläschchens oder das Geben der Brust beim Wachwerden und dem ersten „Maunzer" verwöhnen. Regulationsgestörte Babys werden aber nun einmal einfach wach, sie können nicht sofort wieder einschlafen und brauchen dann wirklich Hilfe, um den gewohnten Schnuller wieder zu finden usw. Vielleicht müssen sie auch einmal vorübergehend im Elternbett übernachten, damit das verzweifelte „Einschreien" erst gar nicht passieren muss.

Und so ist das Leben mit dem Baby ein Seiltanz zwischen Variabilität und Ritual …

„Bin ich dann ans Haus gefesselt?"

Gerade für sehr junge Mamas mag es erschreckend klingen, nicht mehr so mobil sein zu können wie gewohnt. Man muss wissen, dass das Baby nach aufregenden Zeiten aufgeregt ist und eine Weile braucht, bis es sich wieder beruhigt oder man es wieder beruhigen kann.

„Dann kommen aber meine anderen Kinder zu kurz!"

Werden Geschwister in die Versorgung des anstrengenden Babys eingebunden, fühlen sie sich nicht vernachlässigt und es entsteht weniger Eifersucht.

Nein, wenn man sie, so es geht, z. B. in allerlei Helferbetätigungen, sinnvoll einbindet. Bei der Disposition zu ADHS in einer Familie gelingt dies mit hoher Wahrscheinlichkeit sehr gut – manche Geschwister versuchen im Gegenteil „intensiv" zu helfen, bis hin zum Hochnehmen des Babys. Freundlich-gelassene Direktivität ist nötig, um dem Geschwisterkind zu helfen, in seine wichtige Rolle als „Großes" zu finden. „Komm, ich brauche dich jetzt beim Baden, damit das Baby dann ganz schnell ins Handtuch kommt!" Oder: „Jetzt lassen wir Nico in Ruhe, bitte hilf mir im Badezimmer, okay?"

Der Partner, vielleicht Oma und Opa oder andere, können sich ergänzend um die Geschwister kümmern, aber nicht mit viel „Gewährenlassen", sondern auch hier mit konkretem Tun. Je deutlicher dem anderen Kind wird, dass es in der Familie mindestens genauso wichtig ist wie der kleine anstrengende Matz, der die Mama gerade so beschäftigt, desto weniger Eifersucht entsteht. Aber: Dazu muss es zwischendurch gezielt Zuwendung auch von der Mama bekommen!

Dabei gilt immer der Grundsatz, dass man es ganz sicher nicht immer allen Personen in der Familie *gleichzeitig* recht machen kann (und sich deshalb keine Schuldgefühle machen muss!).

Das Zahnen

Offensichtlich haben diese Kinder auch Schwierigkeiten mit dem Zahnen. Bei manchen beginnt sich schon ganz früh ein Backenzahn durchzuschieben, obwohl die oberen Schneidezähne noch gar nicht zu sehen sind. (Manche Kinder bekommen ihre Zähne aber auch erst sehr spät – alles scheint irgendwie ein bisschen anders zu sein.) Und das Zahnen scheint schwierig, trotz Globuli, Paste zum Einreiben des Zahnfleisches, Bernsteinkettchen …

Das Baby wird größer – das zweite Vierteljahr

Wach und aufgeweckt, munter und anspruchsvoll – das Baby scheint sich blendend zu entwickeln. Aber es bleibt anstrengend!

Reizoffen und hoch sensibel

„Mein Kind wurde mit zehn Wochen als Schreikind eingestuft, war überaufmerksam mit den Augen, die ständig hin- und hergingen, sehr geräuschempfindlich, reizoffen, zeigte Schlafprobleme, hatte auch immer wieder marmorierte Haut und feuchte Hände und Füße. Seine Augen wandern seither unablässig durch die Gegend."

Das Baby scheint offen für jede Form der Kommunikation, beobachtet die Umgebung und lernt vor allem über visuelle Wahrnehmung.

Dieser sehr anspruchsvolle Kindertyp scheint jetzt oft äußerst wach und aufgeweckt, lernt offensichtlich ganz früh schon über visuelle Wahrnehmung. Das „soziale Lächeln" setzt zum Teil auffallend früh ein, das Baby wirkt offen für jede Form der Kommunikation und Interaktion, es scheint Späße zu lieben – oder auch überhaupt nicht. Nach wie vor scheint die sorgfältige Beobachtung des Babys und das Registrieren der Zeichen, wann es ihm zu viel wird, vielleicht sogar noch bevor es zu quengeln beginnt, das Wichtigste – und das gelingt einem impulsiven Elternteil natürlich nicht ganz so leicht. Und irgendwie wird immer deutlicher, dass es jetzt wohl schon „Tagesformen" hat, also irgendwie immer wieder jeden Tag ein bisschen anders ist.

„Mein Kind war im Bauch schon sehr unruhig, dann ein Schreibaby, schlief wenig, mit dem so genannten Katzenschlaf, aß wenig und fremdelte schon ab dem Alter von drei Monaten extrem. Es will bis heute, aber manchmal ganz extrem, ständig beschäftigt werden."

„Unsere Tochter schlief von Anfang an nicht gut, wollte keinen Körperkontakt, erschrak bei jedem winzigen Geräusch, ist bis jetzt (sie ist jetzt zweieinhalb) unausgeglichen."

„Ich habe das Gefühl, dass mein Kind schon im Alter von vier bis sechs Monaten einfach nicht richtig ‚abschalten' konnte, manchmal aber einen ‚sonnigeren' Tag hatte!"

Solche hypersensiblen Babys scheinen durch externe Reize extrem beeindruckbar zu sein und zerfallen schon früh in extreme Zustände:

Schon sehr früh fällt auf, wie stark, oft extrem, diese Babys auf Reize reagieren.

Sind sie von etwas fasziniert, dann sind sie zu wirklich unglaublichen Leistungen fähig (der kleine David saß mit vier Monaten und sagte mit vier Monaten spontan das Wort „Licht“) – wenn nicht, scheinen sie schnell überfordert. Sind solche Babys unruhig, kann man oft eine Tendenz zur Blickvermeidung beobachten und ein eher ruckartiges Abgleichen des Umfelds (was normalerweise etwa mit dem zweiten Lebensmonat aufhört).

In diesem Entwicklungsalter entsteht nach Affolter die Verbindung des Spür- und Tastsinns mit dem visuellen Sinn, d. h. dass das Baby mit einiger Verzögerung langsam beginnt, das, was es, auch zufällig, berührt hat, anzuschauen. Findet ein solches Baby an etwas Interesse, tut es dies auffallend intensiv und scheint somit manchem Altersgenossen voraus. Ansonsten ist bald zu beobachten, dass es wohl gar nicht richtig abwarten kann, bis es das, was es erst gespürt und dann angeschaut hat, auch ausreichend lange wahrgenommen hat. Zeitgleich scheint es sogar erschreckt, wenn es plötzlich etwas spürt oder sieht, womit es nicht gerechnet hat.

Das „Handling"

Beobachtet man erfahrene Ärzte oder Therapeuten im Umgang mit einem solchen Baby, kann man sehen, dass das Kind von ihnen eher ruhig und langsam angefasst wird, mit entschlossenem „Griff“, die vom Baby produzierten Geräusche nachmachend, ihm im „Handling“ signalisierend: „Kein Problem, bin ja da, kriegen wir alles auf die Reihe!“

Ein regulationsgestörtes Baby ist offensichtlich jetzt schon auf eindeutige, kräftige Reize angewiesen. Zwar wird von manchen Fachleuten darüber gelächelt, aber das heftige, gleichmäßige Ruckeln des Kinderwagens, mit dem man über einen Feldweg oder etwas rasch über das Kopfsteinpflaster fährt, scheint die richtige Stimulation zu sein, um den Gleichgewichtssinn „erreichen zu können“. Dabei kommt das Kind immer wieder fest mit der Unterlage in Berührung. Entsprechend schlafen viele solcher Kinder besonders gut im fahrenden Auto, manche am besten im (mit doppelseitigem Teppichklebeband befestigten) Cosy-Sitz auf der Waschmaschine, die läuft, vielleicht sogar im Schleudergang.

Sichere, feste Bewegungen und gleichmäßige, tiefere Geräusche wirken beruhigend.

Gleichmäßige, eher tiefere Geräusche scheinen beruhigend. Spaziergehen mit dem Kind im Tragesack hilft dem kleinen Spatz, zur Ruhe zu kommen, aber möglichst draußen in der Natur und nicht im Gewimmel eines Einkaufszentrums oder in der Hektik des Berufsverkehrs.

Regulationsgestörte Babys sind oft taktil extrem empfindlich und reagieren heftigst, wenn man ihnen z. B. die oft rasch wachsenden Finger- oder Fußnägelchen schneiden muss.

Es entspricht nun ganz sicher keiner pflegerischen „Unfähigkeit", dies bei einem sehr problematischen und affektlabilen Kind nur dann zu tun, wenn es wirklich fest schläft. Manchmal gelingt es auch, wenn man das Kind, so gut es geht, kurz fixiert, während ein anderer es mit etwas „Spannendem" ablenkt, einem glitzernden Gegenstand oder vielleicht auch mit „Faxen machen".

„Wait, watch and wonder"

Die Zauberformel erfolgreicher Berater in Schreiambulanzen lautet „wait, watch and wonder": Es gilt durchaus auszuprobieren, was dem Baby zur Beruhigung hilft, aber eben erst beobachtend, abwartend, langsam (auch die Eltern wahrnehmend – ohne vorschnelle Interpretation oder Bewertung – sondern teilnehmend fragend!).

> Das regulationsgestörte anstrengende Baby, das oft später mit ADHS diagnostiziert wird, ist für eine mit dieser Struktur selbstbetroffene Mutter eine große Herausforderung: Sie neigt dazu, emotional extrem zu reagieren, sehr empathisch zu sein. Sie selbst braucht oft eigentlich immer wieder etwas Neues, Interessantes und Abwechslungsreiches (natürlich erst recht ein impulsiver Papa!). Das Kind jedoch braucht offensichtlich Gleichmäßigkeit, Festigkeit, Sicherheit und Einschätzbarkeit schon von Anfang an – und das lang anhaltend.

Ein Seismograph der elterlichen Empfindungen

Wenn nun eine selbst hoch sensible Mutter im Strudel der unterschiedlichen Ratschläge und Tipps, möglicherweise auch vom Partner immer wieder in ihrer eigenen Kompetenz hinterfragt, in der

Pflege und Erziehung immer wieder etwas Neues und Andersartiges ausprobiert, um ihr Kind zufrieden zu stellen, wird sie genau das Gegenteil von dem erzielen, was eigentlich ihr Wunsch war.

Ein regulationsgestörtes Baby und eine Mutter und/oder ein Vater mit ADHS – das ist keine einfache Konstellation.

Ein sehr wach und interessiert wirkendes Baby wird gern überallhin mitgenommen, um es zu beschäftigen, es abzulenken, weil dies ja kurzfristig auch hilft. Leider wird es plötzlich überreizt reagieren. Wird der „kritische Punkt" überschritten (erkennbar in der „kritisch" werdenden Mimik des Kindes), beginnt heftiges Gebrüll. Reagiert man nicht wirklich sofort, sondern nimmt das Baby etwas verzögert „aus dem Feld", steigert sich dies, bis das Kind sich „eingebrüllt" hat.

Und dann lässt es sich schwer trösten und braucht lange, bis es sich wieder „herunterregulieren lässt". Dann erfolgen natürlich vielfältige Interpretationen im Umfeld: Das Kind sei daran gewöhnt, dass die Mutter reagiere, wenn es nur einen „Gacks" mache.

Schon die ganz Kleinen spüren „seismographisch" und offensichtlich immer versierter die Stimmung, den Tonfall, die Mimik der unsicher werdenden Bezugspersonen und reagieren entsprechend, was sich dann beim Wickeln, Füttern usw. zeigt.

Fasst eine Mama dann ihr Kind möglicherweise beim Anziehen zu vorsichtig an, kann das dem Kind regelrecht unangenehm sein. Es brüllt noch mehr, genauso, wenn man, selbst genervt, schnell machen möchte, um die Prozedur für alle Beteiligten schnell hinter sich zu bekommen.

Wenn die Partner nicht an einem Strang ziehen

Die Unsicherheit wird noch größer, wenn eine solche Mama dann vom Partner hört, dass sie sich offensichtlich nur noch mit dem Kind beschäftige, offensichtlich auch das noch nicht einmal richtig hinbekomme und er sich vernachlässigt fühle. Erwartet der Partner dann (bei eigener heftiger sexueller Appetenz) Intimität und kommt nicht zu seiner persönlichen Bedürfnisbefriedigung, wird die Situation für die Mutter ganz schnell dramatisch. Jetzt habe er sich doch so lange zurückgehalten, so gehe es nicht, sonst müsste er …

Leider ist in betroffenen Familien auch die Partnerbeziehung oft ziemlich problematisch.

Vor allem die Angst, verlassen zu werden, destabilisiert nachhaltig die Befindlichkeit.

Je besser sich ein Paar darüber einig werden kann, dass der kleine Erdenbürger es nun einmal mit sich nicht leicht hat und die beiden es nicht mit ihm, und man sich darauf einstellt, für gewisse Zeit die eigenen Bedürfnisse hinten an zu stellen, desto besser klappt diese schwierige Phase.

Hilfe in Anspruch nehmen

Je früher das Problem des Kindes ernst genommen wird, vorurteilsfrei und ohne Schuldzuweisung, desto besser gelingt natürlich die Beziehungs- und Bindungsentwicklung.

Hilfreiche Personen, die die beschriebene Einschätzbarkeit und Festigkeit haben und die Familie unterstützen, sollten in Anspruch genommen werden. Es ist keine Vernachlässigung des Kindes, wenn man es für einige Stunden an eine andere Bezugsperson abgibt. So kann ein Gang in die Sauna, joggen oder einfach nur spazieren gehen oder vielleicht ein bisschen mit dem Partner schmusen wieder Kraft geben für die nächsten Stunden oder Tage.

In dieser Zeit sollte die Mama nicht die anliegenden Hausarbeiten nachholen, sondern dies vielmehr in den Wachzeiten des Kindes, z. B. mit ihm im Tragesack, erledigen.

Ganz besonders wichtig ist es, die „Sternstunde", d. h. die Brüllstunden von etwa 19.00 Uhr bis manchmal sogar 23.00 Uhr, zu überbrücken, auf die man sich einstellen muss. Tragen des Kindes, Spazierengehen usw. können helfen. Der Partner bringt die anderen Kinder ins Bett.

Der Muskeltonus ist bei vielen dieser Babys von Anfang an hoch, steigert sich beim Schreien mit der Tendenz der Überstreckung und einem dann harten Bäuchlein. Wird dann zwischendurch getrunken und Luft geschluckt, geht das „Abpupsen" immer schlechter und ein neuer Grund fürs Schreien besteht. Säuglingsgymnastik, Babymassage unter Anleitung, regelmäßig durchgeführt, gibt Mama und Kind Sicherheit füreinander – und Milderung.

Nicht einmal das Füttern geht normal!

In diesem Lebensabschnitt hat sich meistens der Stillrhythmus „eingependelt". Dennoch kann das Trinken „ohne Nebenbeschäftigung" für ein solches Kind, selbst an einem ruhigen Platz, oft nicht möglich sein. Ein Arm wedelt, die Füße strampeln – na und? Auch der Blick wird wahrscheinlich immer mehr wandern.

Wesentlich erscheint der feste Rhythmus des Fütterns, des Ruhens und des Spielens. Je gleichmäßiger der Tag verläuft, desto besser geht es einem solchen Kind, wie Eltern später aus der Retrospektive schildern und erfahrene Tagesmütter und Kinderpflegerinnen immer wieder bestätigen.

Feste Rhythmen sind für diese Kinder sehr hilfreich.

Trotz aller Anstrengungen sind die Kinder jedoch immer wieder für Überraschungen gut. Bei dem Versuch, jetzt zuzufüttern, kann sofort die nächste Schwierigkeit anstehen: Das Kind möchte z. B. den Sauger der Flasche nicht akzeptieren oder noch viel weniger den Löffel. Es wendet sich ab, wehrt sich.

Nicht verzweifeln, sondern einfach immer wieder spielerisch das Kind ganz langsam mit dem Gegenstand vertraut machen! Man kann das Kind, selbst auf dem Sofa oder dem Boden mit angestellten Knien bequem angelehnt sitzend, sich „gegenüber" auf den Schoß setzen oder in die Wippe, sodass man es von vorn anschauen kann und z. B. den Löffel mit dem Geräusch eines Flugzeugs spielerisch auf das Kind zufliegen lässt, selbst dabei den Mund öffnend.

Probleme mit Neuem

Ganz offensichtlich haben gerade diese so wach und interessiert wirkenden Babys schon in diesem Alter Probleme mit Neuem, Unerwartetem, wenn es nicht nur ums Gucken und Hören geht, sondern um „Körpererfahrung", wie Fühlen oder Schmecken. Entsprechend sollte man so früh wie möglich einfach immer mit diesem Problem rechnen und das „gerne Gucken" mit der entsprechenden Nachahmung ausnutzen.

Achtung – alles unerwartet Neue, das nicht sofort als positiv interessant empfunden wird, wird vom Kind erst einmal abgelehnt!

Alles Heftige, Spontane, Abrupte, und vor allen Dingen alles, was in einer negativen Gefühlslage der Bezugsperson erfolgt, löst beim Kind eine Schreckreaktion aus und danach sofortige Abwehr.

Alles wird irgendwann gelernt – nur etwas verzögert. So ist es keine Inkonsequenz, wenn so ein Kind den Brei zunächst aus der Flasche mit einem großen Loch im Sauger bekommt. Es wird den Löffel erst akzeptieren, wenn es sich mit ihm ausreichend lang vertraut gemacht hat.

Schon so kleine Kinder brauchen ein unerschrockenes Gegenüber, das vor allen Dingen nicht immer wieder anders reagiert, sondern weiß, dass das Kleine ein bisschen Zeit zu jeder Umstellung braucht.

Auffallend hierbei ist zu beobachten, dass ein solches Baby einen Gegenstand, für den es Interesse hat, schon recht früh geschickt handhaben kann, während ein Gegenstand, der nicht interessiert, nur betatscht oder „weggewischt“ wird.

Vorlieben und Abneigungen

Solche Kinder haben schnell ausgesprochene Vorlieben, auch beim Essen. Manche Sachen schmecken und manche Sachen überhaupt nicht. Es ist auch keine Verwöhnung, hier Vorlieben und Ablehnungen des Kindes zu beachten.

Die Erfahrung zeigt (leider ist das Wort „Erfahrung“ heute schon fast ein Schimpfwort), dass Kinder mit einer ADHS-Disposition oft instinktiv und unbewusst Nahrungsmittel verweigern, die sie nicht (wie man das wesentlich später von ihnen selbst sogar hören kann!) vertragen. Und dies tun sie dann nachhaltig. Allerdings wird ein unbekanntes Nahrungsmittel meist grundsätzlich erst einmal abgelehnt – kann aber beim zweiten oder dritten Anbieten dann durchaus schmecken.

Schon bei den ganz Kleinen fällt oft ein starker Durst auf, der in aller Regel während des ganzen Kleinkindalters fortbesteht. Viele Eltern wissen, dass Fencheltee als Grundflüssigkeit ab dem ersten Lebenstag einfach auch Labsal für das Bäuchlein ist.

Am tollsten finde ich, was die Großen tun!

Diese Babys sind im zweiten Vierteljahr faszinierend. Viele lachen in diesem Alter schon glucksend und laut oder verblüffen durch extreme Aufmerksamkeitsleistungen. Wenn sie an etwas interessiert sind, können diese Babys bereits „hyperfokussieren“.

Nele, fünf Monate, lacht sich fast kaputt, wenn der Vater einen Golfball abspielt. Dasselbe Kind sitzt ganz ruhig und völlig vom Geschehen gefangen genommen während eines Konzerts mit Gesang und Gitarrenspiel 90 Minuten vor den Sängern und signalisiert nur mit kurzen, kleinen Quenglern, wenn ihr einmal ein Lied nicht gefällt.

Eltern solcher Kinder brauchen den Mut, ganz früh Experten für ihr Kind zu werden. So können sie ihr Kind natürlich an alle möglichen Orte mitnehmen, bemerken aber beim genauen Beobachten, dass es sich selbst zwischen dem dritten und sechsten Lebensmonat immer schlechter schützen kann, weil es immer weniger „schnell" die Augen schließen kann.

Beobachtbar sind solche Babys oft schon zu lange im „Hyperfokus", bleiben mit dem Blick regelrecht an etwas für sie Spannendem „kleben". (Im ersten Trimenon ist das noch „Babyspielzeug".) Dieser Blick erscheint oft zunehmend regelrecht „wissend" und das Kind wird in seiner „Selbstständigkeitsentwicklung" und Wissbegier überschätzt. Überschätzt wird es entsprechend auch in der Selbstregulationsfähigkeit.

Die grobmotorische Entwicklung ist oft beschleunigt.

Oft besteht die Lage-Überempfindlichkeit noch immer, dabei aber eine verblüffend frühe Tendenz, sich aufrichten zu wollen. Die grobmotorische Entwicklung und, bei Interesse, auch die feinmotorische Entwicklung dieser Kinder erfolgt beschleunigt. Das Kind zeigt „Erlebnishunger". Es jauchzt beim Rumgeschleudert-Werden, zieht sich oft mit sechs Monaten schon an Gegenständen hoch, sitzt dann nie mehr freiwillig …

Bei dem oft hohen Muskeltonus gelingt dem Kind die aktive Aufrichtung z. T. erstaunlich früh. Es muss aber darauf geachtet werden, dass das Kind nicht zu früh in der Aufrichtung gehalten wird, da sich sonst das Zusammenspiel der einzelnen Muskelgruppen, vor allen Dingen am Rumpf, nicht richtig ausbildet und das Kind auch die Gleichgewichtsstabilisierungsleistung noch nicht simultan erbringen kann – und natürlich unzufrieden wird. Ein bisschen Turnen beim Wickeln, mit Betonung der Beugung beim Anziehen des Kindes, mit Ankündigung der Schritte, die man jetzt machen möchte, mit ein bisschen Abwarten, bis das Kind mittut, wirkt unterstützend.

Die Erkundung der Welt

Die Erfahrung lehrt, dass der gute, alte Laufstall keine so schlechte Einrichtung ist. Hier, im „geschützten" Rahmen, sinnvollerweise in der Nähe der Bezugsperson und möglichst ohne nebenher laufenden Fernsehapparat, kann das Kind seine Entdeckungen machen (z. B. mit dem Löffel, dem Becher) und auch ohne dabei von den Geschwistern plötzlich und abrupt mit Zärtlichkeiten „überfallen" zu werden.

Die Erkundung der Welt erfolgt zunehmend durch Schauen, Berühren und Ertasten mit der Hand und dann mit dem Mund und später auch durch Loslassen. Bei Interesse für einen Gegenstand kann ein solches Kind dabei oft erstaunlich früh und geschickt beidhändig manipulieren – und „babbelt" oft schon in den höchsten Tönen. Dieses Erkunden in vertrauter Umgebung hilft dem Kind auch, immer vertrauter zu werden mit den Widerstandsveränderungen zwischen der Unterlage, den Gegenständen an der Seite und dem eigenen Körper.

> Solche Kinder erstaunen durch ihre ungeheure Lernfähigkeit und ihr offensichtlich schon früh unbegrenztes Vertrauen – wenn sie Sicherheit erfahren.

Die Welt wird vor allem über die Fernsinne (Sehen und Hören) wahrgenommen.

Bei den Beobachtungen und der daraus abgeleiteten Hypothese, dass regulationsgestörte Kinder einfach in jeder Hinsicht „Spätentwickler" in der Wahrnehmungsintegration sind, lässt sich erneut feststellen, dass diese Kinder offensichtlich tatsächlich, im Gegensatz zu „pflegeleichten" Babys, ganz früh in der Wahrnehmung den Einsatz der „Fernsinne" (Sehen, Hören) vorziehen, d. h. darüber ansprechen. Eltern solcher Kinder beschreiben ein äußerst früh einsetzendes Lächeln, ein frühes Fixieren, Beobachten, positives Reagieren auf Musik. „Irgendwie" scheinen das Gleichgewichtssystem, das taktile System (Wahrnehmung der Berührungen über die Haut), das propriozeptive System (Wahrnehmung der Stellung der Gelenke, der Spannung der Sehnen und der Muskulatur), zunächst keine so große Rolle zu spielen.

Der natürliche Filter des Gehirns scheint nicht richtig zu funktionieren, ein „Zuviel" kann nicht ausreichend ausgeblendet werden, weshalb sorgfältig auf Überreizungsanzeichen geachtet werden sollte (wie z. B. Reiben des Näschens, ein Schlaffwerden der Hand, die Zunahme von unkoordinierten Bewegungen, Überstrecken, Un-

ruhe), um dann möglichst schnell das Baby aus dieser Situation zu nehmen.

Natürlich soll es seine Aufgewecktheit auch leben dürfen, aber in gelenktem und kontrolliertem Maß.

Viele dieser Kinder interessieren sich schon besonders früh vor allem für die Manipulation von Gegenständen, mit denen die Hauptbezugspersonen umgehen – einen Plastikbecher, einen Löffel, eine Haarbürste usw. – und nicht für „typisches Babyspielzeug".

Macht nichts. Hauptsache, Spielen und Experimentieren machen Spaß, solange der Gegenstand nicht gefährlich scharfe Kanten o. Ä. hat.

Solche Kinder sind oft schon sehr früh so, wie sie später beschrieben werden: hoch sensibel für alles und jedes auf der „aufnehmenden Ebene", für Töne, Gerüche, Geräusche.

Kinder mit dieser Art, die Welt zu sehen und auf sie zu reagieren, machen jetzt schon besonders gern Gänge durch den Garten mit „Blümchen schauen", riechen und sind allgemein gern in der Natur draußen.

Kinder, die später als recht intelligent erlebt werden, zeigen auch jetzt noch eine oft deutliche Geräuschüberempfindlichkeit. Sie schreien, wenn der Staubsauger angeht oder eine ihnen unangenehme Lärmquelle ihnen offensichtlich richtig „wehzutun" scheint.

Und früh fällt schon auf, dass sie bei Interesse buchstäblich alles mitbekommen. Sie sind entsprechend leicht zu destabilisieren.

Wie es den Eltern geht

Das Thema Ruhe/Schlafen ist hoch sensibel. Die Eltern solcher Kinder sind oft ihrerseits, wie geschildert, affektlabil, leicht überreizt und brauchen ebenfalls ein Abschalten-Können, um ihre eigene Stabilität zu finden.

Die schwierigste Aussage einer Mutter ist: „Ich habe keine Kraft mehr." Dieser Satz wird schnell zur sich selbst erfüllenden Prophezeiung und führt dann zum tatsächlichen Abnehmen der Kraft bei dem übermächtig werdenden Gedanken der Überforderung. Mit zunehmender Gereiztheit geschieht dies in der gesamten Alltagsbewältigung, was das hypersensible Baby sofort registriert und entsprechend reagiert.

Dies triggert aber auch die Umgebung zu vielfältigen Hilfsangeboten, Beratungen, schlichtem Reinreden. Auch zwischen den Partnern kann dies problematisch werden, wenn sie eben selbst impulsiv, ungeduldig-vorgebend und auch unsicher inkonsequent sind.

„Aber ich kann wegen dem Kleinen doch nicht alle Computer, die ganze Anlage wegräumen! Du musst eben dafür sorgen, dass er nicht an die Kabel geht, denn die sind gefährlich!"
Der Vater von Jan, acht Monate

Erfahrene Berater in Schreiambulanzen wissen, dass in Partnerschaften mit regulationsgestörten Babys oft schon vor oder während der Schwangerschaft Konflikte bestanden, wobei immer noch spekuliert wird, dass möglicherweise das Kind so sei, weil es schon im Mutterleib zu viel Stress mitbekommen hatte.

> Bei einer ADHS-Struktur im Erwachsenenalter kann jeder alles nur aus seiner Perspektive sehen und sich nicht vorstellen, wie der andere das sehen wird. Er kann nicht vorwegnehmen, was daraufhin passieren wird. Daneben bestehen oft Schwierigkeiten mit der Selbstorganisation, dem Management der Gegenstände, der Zeit und der Finanzen, was für ausreichend Konfliktstoff sorgt. Oder es wird überpenibel überkompensiert mit Perfektionismus.

Das Wichtigste ist: sich darauf einstellen, dass bei diesem Kind immer irgendetwas „los sein wird".

Die daraus entstehenden Konflikte verschärfen sich natürlich, wenn ein schwieriger kleiner Spatz dann auch noch die Zeit des Ausruhens und Schlafens empfindlich stört. Wenn jemand mit ADHS sich jedoch willentlich darauf einstellt, dass etwas „passieren" könnte, z. B. mit innerer Visualisierung, Vorwegnahme von Widerstand, schaltet sich offensichtlich sofort die erhöhte Grundaktivierung zu, plötzlicher Stimmungsabfall wie üblich findet nicht statt, promptes und richtiges Reagieren ist möglich.

Entgegen der allgemeinen Annahme, dass bei schwierigen Babys die Beziehung von Anfang an schwierig sei, zeigt die teilnehmende Beobachtung in solchen Familien (so auch Tittmann 1993 in ihrer

Diplomarbeit), dass dies gar nicht stimmt. Bei der hohen Empathiefähigkeit eines Erwachsenen mit ADHS und dem damit verbundenen raschen Erspüren-Können der Befindlichkeit des Babys wird zusätzlich in einer stressfreien Phase dem Kind viel Liebe gezeigt, viel Zuwendung – es sei denn, ein selbstbetroffener Elternteil hat sekundär eine aggressive oder dissoziale Sekundärstörung.

In Unkenntnis über die Regulierungsdynamik rutschen viele Eltern mit ihrem Kind aber einfach „syndromtypisch“ in Schwierigkeiten: selbst aktiv und mobil, nehmen sie ihr Kind überall mit hin, u. U. reagiert ein solches Kind zwischen fünf und zehn Monaten sofort „hoch alarmiert“, wenn es in einer anderen Umgebung aufwacht, als es eingeschlafen ist, weil im wahrsten Sinne des Wortes nichts mehr so ist, wie es beim Einschlafen noch war, wenn es z. B. schlafend aus dem Auto in ein ihm unbekanntes Wohnzimmer der Freundin gelegt worden ist.

Sicher sollte ein solches Kind möglichst gleichmäßige Abläufe haben, aber dies entspricht leider oft gar nicht den Bedürfnissen einer „Chaosprinzessin“ mit ihrem oft eigenen hohen Tempo oder ihrer Neigung zu impulsiven Reaktionen, dem Umsetzen von Spontanideen.

Oder sie kommt in ihrer eigenen Desorganisiertheit nicht so richtig zurecht. Sie selbst gerät schnell in Hektik, in Aufregung und Panik und entsprechend haben missbilligende Kommentare, immer wieder andersartige Ratschläge oder der Vorhalt, man solle selbst ruhiger werden, dann werde das Kind ruhiger, eine negative Wirkung. Gerade eine Person mit einer ADHS-Struktur neigt auch dazu, schnell negativ zu reagieren, gekränkt und sauer zu sein. Genauso schnell kann aber auch einmal ganz impulsiv die Idee entstehen, dass man jetzt endlich einmal etwas für sich tun müsse – wenig reflektiert wirkend, mit der nachvollziehbaren prompten Interpretation des Umfelds, der Mutter sei ihr Kind wohl nicht wichtig genug …

Sich auf das Kind einstellen

Das Kind kann an sich ab etwa dem sechsten Lebensmonat viel Stress aushalten, angefangen vom ausgedehnten Einkaufsbummel bis zu einer größeren Reise (im ersten halben Jahr bis hin zur Teil-

Pragmatisch und hilfreich ist es zu akzeptieren, dass das Kind schon in ganz frühem Alter hoch sensibel auf Hektik und plötzliche Veränderungen reagiert.

nahme an einem Seminar oder einer Veranstaltung). Dies geht, wenn man darauf eingestellt ist, dem Kind die Übergänge angenehm zu gestalten, und wenn man weiß, dass man das Kind bei entsprechenden Anzeichen schnell aus einer überreizten Situation herausnehmen muss und wirklich warten muss, bis es wieder bereit ist „mitzutun“, bis es z. B. richtig wach geworden ist und sich orientiert hat, wenn es z. B. bei irgendeinem Anlass in seinem Wagen oder auf dem Arm eingeschlafen ist.

Kiko, fünf Monate, verfolgt gebannt, was um sie herum abläuft. Sie nimmt mit ihrer Mutter an einem Vortrag teil, wird in den wenigen Malen, in denen sie unruhig wird oder etwas zu essen haben will, auch sofort aus dem Raum verbracht. Sie schläft ein und wacht auf, als alle beim Mittagessen sind. Sie hat noch Druckstellen vom Liegen im Gesicht und schreit sofort verzweifelt los. Außerhalb des Restaurants beruhigt sie sich schnell und ist nach zehn Minuten (nachdem auch die Druckstellen nicht mehr zu sehen sind), wieder so „eingeschaltet“, dass sie wieder interessiert in die Gegend guckt.

In Familien, in denen bereits mehrere Kinder sind, ist es besonders wichtig, dass ein solches Baby immer wieder seine Zeit bekommt, in der es „für sich“ ist, wofür die Eltern oft recht direktiv sorgen müssen. Und das geht am besten mit den eisernen Regeln des Verhaltensmanagements (Neuhaus 2000), in freundlich-klarem Ton, v. a. ohne häufige ausufernde Erklärungen, Diskussionen, schlussendlich genervtes Schimpfen. Denn sonst werden auch jetzt noch solche Babys, auch wenn sie nicht mehr ständig brüllen, von Geschwistern argwöhnisch betrachtet – kriegen die immer noch die Mama „total“ und man selbst kommt zu kurz? Heimliches Ärgern kann beginnen oder unverhohlenes Knuffen, was das Baby natürlich als „Überfall“ empfinden muss, mit heftigem Wehgeschrei – und Ableugnen der Tat durch das Geschwisterkind – und somit erster ernster Geschwisterrivalität.

Sieben bis zwölf Monate – Hallo, hier bin ich!

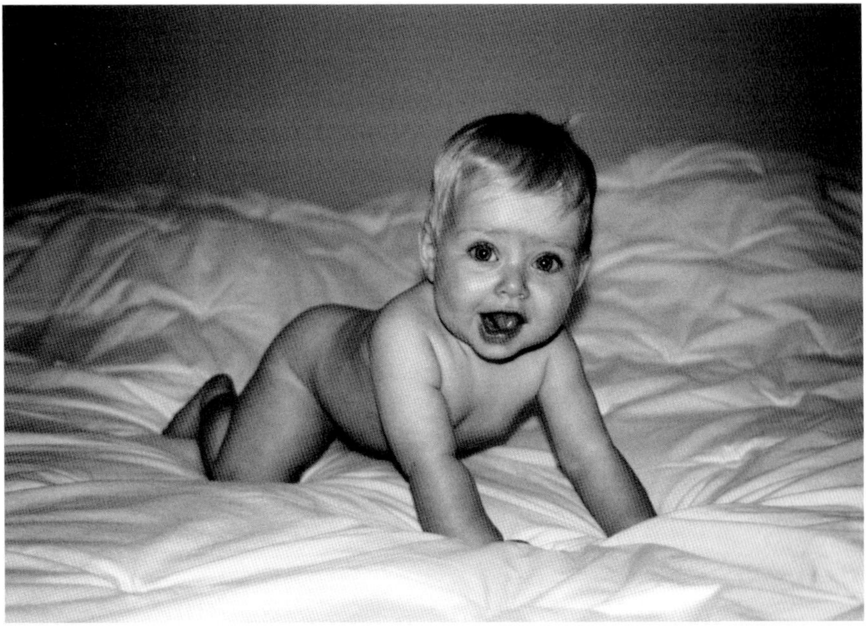

Aktiv sein und die Umwelt erkunden – und das mit erstaunlicher Intensität und Kraft: So erobert sich dieses Baby die Welt. Schon jetzt muss es dabei ständig vor einer Eigengefährdung geschützt werden.

Das Erkunden der Umwelt

Das Kind beginnt, Gegenstände zu untersuchen und erste Beziehungen zwischen den Dingen zu erkennen.

Auch diese Babys beginnen nun, wie alle Kinder, Gegenstände nicht nur anzufassen, sondern auch wegzunehmen und wieder zurückzuführen. Ausprobiert wird, was man trennen kann und was zusammengehört. Solche Aktionen erfolgen bei einem offensichtlich reizoffenen (und reizfilterschwachen, später impulssteuerungsschwachen) Kind oft früh mit Einsatz von verblüffend viel Kraft.

Diese Kinder grabschen fest zu, um zu schauen, ob der Bart oder die Haare auch wirklich fest angewachsen sind. Mit einem kräftigen Ruck wird plötzlich die Brille von der Nase gerupft, mit dem Teelöffel die volle Kaffeetasse umgeschüttet, und dies blitzschnell. Heftig wird plötzlich mit einem Spielzeug gegen einen Gegenstand geschlagen, die Erkundung von Widerständen und deren Veränderung geschieht oft mit Vehemenz.

Dies passiert aber auch im Umgang mit sich selbst. So wird in der Wut plötzlich mit dem Kopf gegen den Boden gewummert oder das Kind schmeißt mit zehn Monaten vor Wut den Kopf nach hinten, wenn etwas nicht klappt. Später können sich diese Kinder vor Wut auf den Boden werfen, wenn ihnen etwas nicht so gelingt, wie sie das in diesem Moment möchten.

Im Laufe dieser Entwicklungsphase macht das Kind die Erfahrung, dass es mit einem Gegenstand einen anderen, der sich auf derselben Unterlage befindet, berühren und diesen sogar bewegen kann; es kann somit „nachbarschaftliche" Beziehung systematisch erkunden (Affolter 1987). Beobachtbar kann ein solches Kind das nur bei echtem Interesse ausreichend lang tun. Oft erfolgt eine Erkundung blitzschnell und „ruckartig", die Augen sind schon längst wieder woanders.

Beim entwicklungsbedingten Üben der Fingerfertigkeit wird versucht, der Mama heftig den Löffel in den Mund zu drücken, oder der Finger piekst plötzlich ins Auge – das tut weh und löst natürlich nicht nur bei jemand, der selbst reizoffen und affektlabil ist, eine für ihn selbst überraschende Reaktion aus. Entsprechend gilt, auf solche „Überfallsattacken" dieses kleinen, auch selbst schnell spontan verärgerten Wichts in diesem Alter gefasst zu sein.

Viele dieser Kinder haben jetzt schon beobachtbar Probleme mit dem Dosieren-Können grober Kraft in der Manipulation – außer, es besteht großes Interesse! Sie zeigen selbst häufig eine auffallend geringe Schmerzempfindlichkeit für selbst zugefügte Schmerzen. Sie scheinen eigentlich nur auf eines aus zu sein – aktiv zu sein und sich fortbewegen zu können.

Aktiv sein – das ist oberstes Bedürfnis dieser Kinder.

Kim, fünf Monate, hat entdeckt, dass sie mit gleichzeitigem heftigen Schlagen mit Armen und Beinen die Sitzwippe ganz schnell zu einem Rückstoß nach hinten bewegen kann, was sie jauchzend wiederholt. Nachdem sie auf diese Art und Weise in relativ kurzer Zeit auf dem glatten Küchenfußboden 2,50 m nach hinten gerutscht ist, wiederholt sie dies mit gleicher Energie und Kraft tags darauf auf dem Teppichboden im Wohnzimmer – mit Erfolg, wenn auch nicht mit ganz so großem.

„Mit sechseinhalb Monaten zog er sich überall hoch, lief mit neun Monaten, rannte ab dem elften Monat nur noch herum, riss alles raus, untersuchte alles, konnte nie länger bei einem Spiel bleiben."
Eine erschöpfte Mama berichtet.

Gelingt das motorische „Erobern der Umgebung" nicht so schnell, wie das Kind es will, ist „Unleidlichkeit" die Folge.

Sitzen, Krabbeln und Laufen

Meist gelingt Sitzen früh und gut. Das Kind kommt nun immer besser an alles Neue, Interessante heran, mobilisiert auch hier z. T. unglaubliche Kräfte, wenn es etwas will. Der erste angezogene Schuh wird irgendwie wieder ausgezogen, mit „Schmackes" wird ein Bauklotz aus dem Laufstall geworfen, blitzschnell der Joghurtbecher vom Tisch gewischt, eine Tischdecke heruntergezogen.

Dieser Babytyp setzt offensichtlich alles daran, sein Ziel zu erreichen, bewegt sich vorwärts, indem er robbt oder sich dreht oder auf dem Popo im Sitzen nach vorne rutscht. Nicht selten wird die

Nichts ist vor dem Baby mehr sicher – die Wohnung muss unbedingt absolut „kindersicher" sein.

Krabbelphase übersprungen, oder es wird erst nach dem Laufenlernen gekrabbelt. Nichts scheint mehr vor ihm sicher zu sein, wenn der Radius erweitert ist. Nun wird es für das Umfeld wirklich „interessant". Auf alle möglichen Knöpfe wird gedrückt, Steckdosen gefunden, die man vielleicht noch nicht gesichert hat, Schlüssel werden herumgedreht. Es ist dringlich an der Zeit, die Wohnung zu sichern, denn bald wird das „Territorium" endgültig mit Beschlag belegt.

„Tom entwickelte sich wunderbar, um nicht zu sagen recht schnell. Er krabbelte nicht, saß mit vier Monaten, lief mit zehn Monaten. Sein erstes Wort war Ventilator, das zweite Nein – Mama und Papa kamen später!"

„Unser Sohn konnte mit sieben Monaten krabbeln, stürzte unglücklich und brach sich den Oberarm. Dann lief er einfach los."

„Mit acht Monaten lief er um den Tisch herum, konnte sich aber nicht hinsetzen und praktizierte das, bis er umfiel. Dabei donnerte er in der Küche auch auf den Plattenboden, immer wieder, bis er mit elf Monaten endlich auch stoppen konnte. Vorher war er nur gerobbt, nie gekrabbelt."

Möglicherweise sind es der hohe Muskeltonus dieser Kinder und die Dominanz ihrer visuellen Wahrnehmung, die ihnen ermöglichen, sich so früh hinzustellen und dann loszulaufen, um scheinbar oft „nur so nebenher" oder auch ganz gezielt Avisiertes endlich erreichen zu können.

Das Kind schützen

Zeitgleich bemerken Eltern oft, dass diese Kinder ganz offensichtlich nicht genug kriegen und nicht ausreichend aus (auch schmerzlichen) Erfahrungen lernen. Wie alle Kinder (die meisten tun dies aber später im Leben) legen sie los, sind da, wo es für sie spannend ist, und haben dann auch ihre Finger dort. Bücher werden aus dem Regal gezogen, alle Schalter betätigt, die man erreichen kann. In aller Regel ist der Lieblingsplatz zum Spielen die Küche und dort die (hoffentlich erlaubte) Topfschublade, die regelmäßig vollständig ausgeräumt wird, ebenso wie der erreichbare Papierkorb. Natürlich würde das Kind auch gern einmal andere Schubladen auspacken, macht sicher nicht Halt vor dem Katzennapf. Bei solchen Kindern erfolgt alles viel intensiver als bei „lebhaften" Kindern, weshalb früher als bei anderen eine gute Sicherung, Wegräumen oder ganz klares Tabuisieren erfolgen müssen.

Immer überall an Gefährlichem dran – das Kind ist eine ständige Herausforderung.

Dies setzt aber voraus, dass man sich auf diese Situation einstellt und sich in der Familie klar macht, was man ganz sicher nicht dulden möchte. Grundsätzlich sind Eltern mit einer ADHS-Struktur dazu durchaus in der Lage und können dies, wenn es ihnen wirklich wichtig ist, auch durchziehen. Schwierig ist es aber, wenn im Lebensalltag auch noch die anderen Kinder fordern, das Telefon klingelt usw. So eben „unbemerkt" wird ein solches Kind dann immer wieder versuchen, an Begehrenswertes (d. h. Dinge, mit denen Eltern und Geschwister umgehen!) heranzukommen. Schimpfen nützt nichts, Schlagen schon gar nicht.

Es hilft nur, das Kind immer und immer wieder vom unerwünschten Gegenstand „wegzuknüpfen" und an einen anderen Platz zu verbringen, wo es dann aber mit einer neuen Beschäftigung abgelenkt werden muss, damit es sein Interesse an diesem anderen Platz entwickeln kann.
Sonst gibt es Protest, weil es einfach noch überhaupt nicht „verstehen" kann, warum es nicht Hydrokulturkugeln essen oder CDs rausholen soll.

Rasch wird festgestellt, dass das Kind den mittlerweile entwickelten Zangen- und Pinzettengriff ebenfalls mit enormer Kraft einsetzt. Die Banane wird zermatscht, der Plastikbecher zerdrückt. Hat die Familie ein Haustier, kann dies jetzt unter dem sehr aktiv werdenden „Mini" zu leiden haben, wenn es in den Schraubstockgriff des Kindes gerät.

Der Drang zur Selbstständigkeit

Schon sehr früh imitiert das Kind die Großen und will alles selber machen.

Gerade das aufgeweckte und allseits interessierte, reizoffene Kind registriert offensichtlich schon früh so ziemlich alles, z. B. auch, was sein „Modell" tut. Und es versucht, so gut es geht und höchst „selbstständig", schon vor Vollendung des ersten Lebensjahres Entsprechendes nachzuahmen. Das wirkt drollig und wird durch Lachen des Umfeldes verstärkt, wobei das Kind dann natürlich davon ausgehen muss, dass das, was es tut, ein erwünschtes Verhalten ist. Es wird dies vermehrt produzieren.

Vroni, zehn Monate alt, räumt sehr entschieden die Geschirrspülmaschine aus, putzt der Mama die Nase, robbt ständig der Mama nach.

Passiert so etwas in einer Situation, in der man die Zeit und die Gelassenheit hat, um es zuzulassen, freut die frühe Eigenaktivität. Sie wird aber auch stattfinden, wenn man das gerade nicht möchte.

Das Kind kann offensichtlich von solchen Aktionen und auch Spielen, wie Verstecken oder etwas Runterwerfen, nicht genug bekommen. Es versteht vor allem überhaupt nicht, dass es plötzlich aufhören soll. Der prompt einsetzende Widerstand wird umso heftiger, wenn das Kind überdreht, weil man „überzogen" hat, d. h. zu lange mitgemacht oder etwas geduldet hat. Wehgeschrei erfolgt auch, wenn das Kind, das oft früh schon viel „redet" und ständig Laute oder Tönchen produziert (oft auch schon früh Worte), sich in seiner Vorstellung einer Aktion, die es ja „artikuliert", nicht sofort verstanden fühlt.

Je häufiger solche „Missverständnisse" passieren oder das Kleine in seinem Streben nach immer wieder Neuem, Interessantem sich selbst wehtut und immer wieder schon mehrfach „verbotene" Gegenstände oder Plätze ansteuert, wird das Kind aus der Verunsicherung der Eltern heraus immer öfter verärgert beschimpft, oft schon vor dem ersten Geburtstag.

Dabei handelt das Kind doch überhaupt nicht „aus Absicht", sondern muss einfach sehr viele Erfahrungen sammeln. Es scheint regelrecht „magisch" angezogen zu werden von allem, was ihm ins

Blickfeld kommt – und offensichtlich auch von allem, wovon man es entfernt hat. „Es windet sich beim Wickeln wie ein Wurm, versucht zu grabschen, was es kriegen kann."

Sinnvoll: Beschränkungen auferlegen

Das Kind gezielt zu beschäftigen und abzulenken, ohne dabei immer einfach wieder etwas Neues anzubieten, ist hilfreich, um ihm zur Ruhe zu verhelfen.

Dieses Verhalten bedeutet ganz konkret, dass man rechtzeitig eingreifen muss, wenn man etwas beenden will, und dabei am besten den Gegenstand oder das Kind nachhaltig entfernt. Beim sehr jungen Kind ist deswegen im Alltag der Laufstall noch immer eine wirklich sinnvolle Einrichtung. Er sollte aber nicht ausschließlich als Ort verwendet werden, an dem das Kind notfalls „abgestellt" wird, da er sonst als „Strafplatz" erlebt wird, sondern als Aufenthaltsort, in dem man z. B. morgens nach dem Anziehen ein Weilchen spielt, während die Familie das Frühstück vorbereitet usw. Je gleichmäßiger und ruhiger dies auch mehrfach für kurze Zeiten erfolgt, desto klagloser wird er als „Spielfläche mit Zaun" akzeptiert. Als Erleichterung für die Übergangszeit muss man mit dem Kleinen aber mit einem Gegenstand, der ihm Spaß macht, dort spielen, bis es den Fokus darauf hat und von selbst weitermacht, was meist ganz schnell passiert. Und dann spielt es und übt es und kommt zur Ruhe!

Wirklich praktisch ist der Laufstall als Spielplatz mit Zaun, eine Schutz- und Förderzone.

Gelenktes Beschäftigen, indem man das Kind z. B. auf den Schoß nimmt, um mit ihm etwas gemeinsam zu erkunden, ist wesentlich effektiver, als dem Kind immer wieder etwas anderes anzubieten oder mit ihm herumzutoben, in der Hoffnung, dass man ihm damit eine Freude machen kann und es danach „leichter" zu handhaben sei. Toben und immer wieder Neues tun gefallen dem Kind sehr – aber nicht das Aufhören!

„Aber mein Kind war als Baby doch problemlos und sonnig! Schwierig wurde es, als es laufen konnte!"

Es gibt eine ganze Anzahl von Kindern, die erst nach der Vertikalisierung so erlebnishungrig sind und vorher erfreulich pflegeleichtwaren. Bis heute ist noch nicht klar, warum dies so ist. Genießen Sie es – denn oft fordern solche Kinder später ihre Umgebung genauso …

Action, Mama, sonst ist's doch langweilig ...

Die regelmäßigen, immer wiederkehrenden Abläufe im Alltagsleben lieben diese Kinder, ob nun schon früh auffallend oder erst nach dem Laufenlernen, leider nicht so besonders. Man kann zu „Tricks" greifen, wie z. B. Füttern mit „spannender Nebenbeschäftigung", was aber nicht übertrieben werden sollte.

Routineabläufe sind für diese Kinder nötig, aber schon früh langweilig, „Nebenbeschäftigungen" werden gesucht.

Das Essen

So muss akzeptiert werden, dass der impulsive und später hyperaktive Kleinkindertyp (aber auch das Träumerchen) sich beim Essen „aktionsbereit" zeigt. Diese Kinder sind deutlich wilder als andere, patschen mit der Hand in den Teller oder dreschen mit dem Löffel in den Spinat, kippen mit einem entschiedenen raschen Schubs den Teller mit dem ungeliebten Essen um, zermatschen bei Interesse hingebungsvoll das kleine Stückchen Butterbrot, das sie angekaut wieder aus dem Mund holen.

In diesem Alter geht es nur mit Humor: Ein entsprechender Riesenlatz muss her; ein alter Teppich unter dem Hochstuhl, eine Wachsdecke auf dem Tisch mildern Folgekatastrophen.

Wird das Kind gefüttert, werden die Händchen, die gern immer wieder selber den Löffel wollen, vielleicht mit einem interessanten Gegenstand beschäftigt, der Löffel kommt „angeflogen" als brummender Hubschrauber im „Essspiel".

Verwöhnender Unsinn? Nein, sondern die Möglichkeit, dem Aktionsniveau des Kindes angepasst und trotzdem sehr konsequent, die Nahrungsaufnahme relativ unproblematisch zu gestalten. Alles ist eben ein bisschen anders und läuft dann auch anders ab.

Schmeckt das Mittagessen mit Karotte und Kartoffeln nicht, kann vorher natürlich problemlos der Nachtisch gegessen werden – viele Kinder essen danach oft auch ohne größere Widerstände die „Hauptmahlzeit" (haben die Franzosen recht, wenn sie sagen, der Appetit komme beim Essen – oder braucht das noch so kleine Kind auch hier einen ausreichend starken Reiz im Geschmack, um sich auf die Tätigkeit des Essens einlassen und umstellen zu können?).

Immer wieder gilt dasselbe „Muster": Unerwünscht Neues aus Sicht des Kindes wird erst mal abgelehnt – aber auf erwünscht Neues kann es sich sofort und überraschend gut „einstellen".

So ein Kind kann schon früh einen „eisernen Willen" zeigen und signalisieren, was es mag und nicht mag. Schimpft man nicht, macht nur erstaunt große Augen, schafft es, gegebenenfalls sogar zu lachen und den Mund leicht zu öffnen, kann möglicherweise der Kartoffelbrei beim dritten Anbieten doch noch schmecken, und wie!

Oft essen diese Kinder schon früh mit, was Erwachsene essen, verblüffend problemlos, wenn sie zuvor gesehen haben, dass es denen schmeckt – manche verlangen dabei sogar mit zehn Monaten ein Stückchen geräucherte Makrele – wo ist das Problem?

Baden, Wickeln und Anziehen

Baden und Plantschen machen riesig Spaß. Im Wasser kann so ein sonst schon „motorisch geschickt" erscheinendes Kind mit sieben Monaten sofort wild, reflexartig anmutend, wie ein kleiner Frosch strampeln. Ganz sicher wird das ganze Badezimmer nass und auch die Mama, die sinnvollerweise diese Zeremonie selbst in „Bademontur" abwickelt, d. h. evtl. die Oberbekleidung vorher abgelegt hat.

Angezogen zu werden ist für solche Kinder nicht gerade ein Vergnügen.

Im zweiten Lebenshalbjahr ist Wickeln, An- und Ausziehen in aller Regel auf dem Wickeltisch schon nicht mehr möglich, sondern findet sinnvollerweise auf dem Boden statt. Nach wie vor gilt, alles vorher anzukündigen mit der Grundeinstellung, dass auch hier ständig Neues und Unerwartetes passieren kann. Es gibt sofort Protestgeschrei, wenn sich etwas nicht angenehm auf der Haut anfühlt, der Halsausschnitt vom Pulli zu eng ist. Außerdem scheint diese Mama noch immer nicht gelernt zu haben, dass man das Eincremen des Gesichts hasst. Kurzes Fixieren beim Reinigen der Öhrchen muss sein.

Ein erfahrener Kinderarzt: „Diese Kinder erkennt man spätestens bei der U6. Sie sind neugierig, schauen aufgeweckt, weinen nur, wenn man sie festhält. Ist nach der Impfung die Nadel rausgezogen, ist alles wieder gut."

Haare waschen oder föhnen, Nägel schneiden – all das kann diesen Babys richtig unangenehm sein. Zu kalten Jahreszeiten „eingepackt" zu werden ist vor allem eine langwierige und ungeliebte Prozedur. Sagt man dem Kind, dass man ja weiß, dass es das gerade nicht mag und es wirklich gemein ist, und zieht man es dann durch, darauf gefasst, dass solche Babys in der Abwehr massiv Kraft entwickeln können, sich wie ein Wurm winden und einem z. B. in der Badewanne entgleiten können, gelingt es immer besser.

Wickeltischstürze, Stürze mit Kopfverletzungen beim Rauf- oder Runterklettern, aber auch Einklemmen, sich irgendwo anschlagen sind ebenso an der Tagesordnung wie Verbrühungsunfälle in der Küche, wenn dieses Kind plötzlich blitzartig etwas herunterreißt. Die Unfallgefährdung ist leider sehr hoch.

Die Unfallgefährdung dieser Kinder ist sehr hoch.

„Ab dem fünften Lebensmonat habe ich mein Kind auf dem Bügelbrett gewickelt, weil er sich dort nirgends mehr abstemmen konnte und ich so meinen Rücken schonen konnte."

„Er versuchte mit sieben Monaten aus dem Kinderwagen auszusteigen – anbinden wurde unausweichlich nötig."

Not macht entsprechend erfinderisch – Mut zu auch unkonventionellen Lösungen gehört dazu, die überhaupt nicht schaden, wenn sie gleichmäßig eingesetzt werden und dem Kind signalisieren, dass es eben Dinge gibt, die einfach geschehen müssen.

Ich bin okay – du auch?

Oft sind diese Kinder als ganz Kleine schon ausgesprochen sonnig und charmant – oder auch gar nicht. Die meisten erscheinen aber schon früh einfach nur süß, können oft mit wenigen Monaten schon über irgendetwas, was sie freut, richtig herzlich lachen. Das steckt an. Diese Babys überraschen mit ausgeprägtem Mienenspiel. Mal wirken sie wirklich noch so klein, wie sie sind, dann plötzlich kommt da ein wissender Blick von der Seite, als wäre das Kind schon wesentlich älter! Viele scheinen schon früh richtig zu „flirten".

Charmant und sonnig – so wirken viele dieser Kinder von klein an.

Auffallend bei diesem Kindertyp ist, dass er sichtlich schon ganz früh, in der ersten Sekunde einer Kontaktaufnahme, entscheidet, ob er mit seinem Gegenüber kann oder nicht. So lassen sich diese Kin-

der, die später bisweilen sogar fast distanzlos wirken können, im Babyalter unvermittelt von einer bestimmten Person nicht auf den Arm nehmen. In der Signalgabe stimmt irgendetwas nicht für das Kind, was auf manch einen Erwachsenen brüskierend wirken kann.

Viele dieser Kinder fremdeln zwar mit acht Monaten kaum, können aber unter Umständen auf eine Person, an der für sie irgendetwas erschreckend ist, heftig abwehrend oder ängstlich überreagieren. Das kann eine Person mit einem schwarzen Bart sein oder jemand mit einer für das Kind unangenehmen Stimmlage.

Das Kind weiß sofort, ob es sein Gegenüber mag oder nicht – und reagiert entsprechend vehement.

Passt ihnen etwas oder jemand nicht, wenden sie sich ab, wehren sich gegebenenfalls – leider auch, wenn sie Mama oder Papa einfach etwas länger nicht gesehen haben, zwei Tage können da schon reichen (beobachtbar ab etwa dem neunten Lebensmonat). Das lässt jedes Elternteil an der Beziehung und Bindung zweifeln und irritiert sehr. Selbstbetroffene Elternteile mit einer ADHS-Struktur reagieren sofort hoch emotional. Sofortige Schuldgefühle setzen ein.

„Rächt" sich das Kind etwa wegen der einfach notwendig gewordenen Fremdversorgung während eines dreitägigen Krankenhausaufenthalts oder einer Fortbildung? Mag es den anderen mehr, kann der besser mit ihm umgehen oder hat es einen denn einfach vergessen?

Weiß man nichts über diese Disposition zum „Syndrom der Extreme", kann die Signalgabe durch die emotionale Reaktion des Erwachsenen auf das Kind sofort dessen Reserviertheit vergrößern und bei ihm weitere Verunsicherung auslösen. Wichtig ist deswegen zu wissen, dass sich das Kind erst einmal wieder „umorientieren" muss. Entsprechend ist „Höflichkeit" angesagt. Es ist sinnvoll, das Kind bei Skepsis nicht spontan auf den Arm zu nehmen, um sich mal wieder richtig in Erinnerung zu bringen, sondern ein bisschen abzuwarten, sich angucken zu lassen, ohne ständig das Kind mit dem Blick zu fixieren, es dann erst mal zu berühren, ihm etwas zu geben usw.

Abrupte Stimmungsumschwünge

Schwierig kann zum Beispiel ab Ende des ersten Lebensjahres sein, dass ein solches Kind auf einem Familienfest zunächst der absolute Sonnenschein ist. Diese Stimmung, die natürlich jeden freut, kann plötzlich und ohne direkte „Vorwarnung" ab einem bestimmten

Überreizungsniveau regelrecht kippen. Das Kind wird durch Beschwichtigungsversuche mit Worten, vor allen Dingen, wenn sie von mehreren Personen gleichzeitig erfolgen, noch aufgeregter und schwieriger reagieren. Je klarer man weiß, dass es dem Baby irgendwann zu viel ist, man immer mal wieder mit „Prüfblick" schaut, ob es noch erträgt, dass so viele sich ihm zuwenden, umso besser.

Wenn es skeptisch zu gucken beginnt, den Mund verzieht, ist es auch jetzt noch sinnvoll, ganz schnell eine kleine Auszeit zum „Runterregulieren", nur mit einer Bezugsperson, einzulegen, indem man mit dem Kind abseits an einen reizärmeren Platz geht.

Was das Baby mag

Die Zeiten, in denen ein „schwieriges" Baby wach und „gut gelaunt" ist, ermöglichen positive Zuwendung, indem man etwas miteinander tut, mit ihm redet oder spielt. Ist die Mama oder die Hilfsbezugsperson „in Sicht" oder ist man bei ihr auf dem Arm, ist das Erledigen von Handgriffen kein Problem und es wird auch Hausarbeit oder ein kurzes Telefonat akzeptiert – wenn der Erwachsene signalisiert, damit umgehen zu können.

Beim Spielen ist es erfolgreich, sich von den Interessen des Kindes leiten zu lassen und ihm nicht rasch wechselnd etwas vorzugeben, vielleicht auch mit zu viel Spielzeug. Der Bauklotz, der im Becher scheppert, der Holzlöffel, mit dem man an das Laufstallgitter klopft, das Holztier mit Schwanz aus Bindfaden scheinen interessant.

Rhythmus und Musik – davon lassen sich viele dieser Babys begeistern.

Viele dieser Babys mögen Musik und Rhythmus. Sie sind begeistert, wenn man mit ihnen tanzt, wobei auch hier beobachtet werden muss, wann es reicht. Sinnvollerweise nimmt man sich kurz vorher zurück, damit es nicht in Gebrüll endet. Das Gleichgewichtsorgan wird offensichtlich erst im Vorschul- und Schulalter so richtig „stressresistent" mit wildem Schaukeln und Karussellfahren bis zum Abwinken.

Vor allem abends sind Tobespiele weniger angesagt, vor allem je älter das Kind wird, obwohl das Baby so etwas sichtlich jauchzend genießt. Es kann sich nicht „herunterregulieren", vor allen Dingen, wenn dieses Spiel zu lange dauert.

Gerade Elternteile mit einer ADHS-Struktur begeistern sich selber rasch, haben ein Zeitfenster im Hier und Jetzt und vergessen ganz schnell, wie schwierig es vor kurzem war. Entsprechend ist eine Absprache, z. B. in der Partnerschaft, sich dann kurz mit kleinen Zeichen in Erinnerung zu bringen, eine einfache und wirksame Hilfe.

Wenn Papa abends nach Hause kommt und ja eigentlich nur mit „dem Kurzen" ein bisschen Spaß haben wollte – und das in Geheule oder gar Zorn endet –, versteht er das womöglich sonst gar nicht, mit entsprechender Vorwurfshaltung von der Mama.

> Kinder mit später diagnostiziertem ADHS haben leider schon früh das große Problem, dass sie sofort umsetzen müssen, was ihnen gerade in den Sinn kommt. Geht dies nicht sofort oder wird ihre Idee nicht erkannt, schlägt die Stimmung um. Sie werden dann extrem sauer oder extrem verzweifelt. Urplötzlich und heftig können sie aber auch reagieren, wenn sie sich einer Situation nicht gewachsen fühlen.

Es ist wichtig zu klären, dass ein Nein bei einem Beschwichtigungsversuch oder eine Abwehr des Kindes keine persönliche Kränkung darstellt, sondern dass das Kind gerade nur durch die Situation überfordert ist und es sich nicht verstanden fühlt.

Moni, neun Monate, hat urplötzlich Angst vor der großen Badewanne der Erwachsenen. Die Mama erkennt das Gott sei Dank – Moni kann nicht herausschauen, was wenige Tage vorher noch kein Problem dargestellt hatte.

Mit Sensibilität gelingt es den Eltern, die Befindlichkeit ihres Babys zu erspüren.

Lässt man sich als Erwachsener nicht aus der Fassung bringen, sondern hält erst inne, überlegt, was es wohl sein könnte oder was z. B. vorhin die Aufmerksamkeit des Kindes gefesselt haben könnte, und begleitet dieses jetzt sprechend „Aha, das war es also nicht, dann probieren wir das" oder „Jetzt ist gerade etwas richtig schlimm …", ist es gut möglich, dass man das „Richtige" trifft. Gerade ein hoch sensibler Elternteil, der überdies die Fähigkeit hat, sehr schnell zu erfassen, dass jemand Hilfe braucht, ist eigentlich sehr geeignet, hier „Detektiv" zu sein.

Damit wird man nun ganz sicher nicht dem Kind zu verstehen geben, dass man immer alles zu tun versucht, was es möchte. Im Miteinander, in der so genannten „Passung“ zwischen Kind und Umwelt, kann aber eine entsprechende „Feinabstimmung“ möglich werden, wenn das Kind einfach spürt, dass man sich bemüht, seine Not zu erkennen und abzuhelfen.

Entsprechend ist es wenig sinnvoll, Eltern solcher Kinder mit irgendwelchen Spekulationen über unverdaute Eigenerfahrungen aus ihrer Kinderzeit zu konfrontieren oder ihnen eine Unerfülltheit in der eigenen Sexualität vorzuhalten, sondern sie zu unterstützen, für das Kind das notwendige „Verständnis“ zu finden, was sicherlich nicht immer leicht ist.

Die Einstellung dabei ist wesentlich: Aus einem kleinsten Anlass heraus kann das Kind extrem reagieren. Das Motto muss sein: Ruhe bewahren und darauf vertrauen, dass man höchstwahrscheinlich herausfinden wird, was gerade stört. Voraussetzung dafür ist, dass man sich auch darauf einstellt, dass diese Kinder Zeit benötigen – mit Konsequenzen für das eigene Zeitmanagement.

Am jungen Vorschulkind, das als Baby ein solches Verhaltensmuster zeigte, kann man beobachten, dass es gern positiv gemachte Lern- und Beziehungserfahrungen wiederholt. Das gilt ganz sicher auch für das Baby.

> Dem Baby hilft es sehr, wenn es immer wieder hört, sieht, spürt, dass man da ist, dass man es mag. Der Alltag ist aufregend, immer wieder „passt“ etwas nicht. Instinktiv schmusen Eltern solcher Kinder viel mit ihnen, erzählen ihnen liebe Worte. Wesentlich ist, dass der kleine Spatz früh merkt, dass das Leben zwar manchmal hart ist, aber Mama und Papa eigentlich ganz schön liebe Leute sind.

Je früher sich die Eltern solcher Kinder darauf einlassen können, dass jede Erfahrung viel Wiederholung braucht, bis das Kind etwas wirklich „verinnerlicht“ hat, desto besser. Man ist dann auch eher dazu in der Lage, sich dadurch nicht „genervt“ zu fühlen, trotz des regelrecht widersprüchlich erlebten Erlebnishungers.

Der Wunsch nach Selbstbestimmung

Auch ein „Muster": großes Bedürfnis nach Selbstbestimmung – aber große Umstellungsschwierigkeiten.

Solche Kinder scheinen offensichtlich früh mehr zu verstehen und mehr tun zu wollen, als sie umzusetzen in der Lage sind. Das macht sie unzufrieden und schwierig, bei der ohnehin schwierigen Gratwanderung zwischen dem vom Kind „gewünschten" Aktivitätsniveau und der schnell erreichten Überreizungsgrenze.

Wenn ein Kind im Übergang vom ersten in das zweite Lebensjahr mit dem aktiven Experimentieren beginnt, taucht ganz schnell irgendeine Variation des Wortes „alleine!" auf, mit der Bedeutung, dass das Kind alles selbst machen möchte.

Das Phänomen des auffallenden Wunsches nach Selbstbestimmung steht im Widerstreit zu der Problematik, dass ein kleiner Mensch mit ADHS sich ganz schnell von einer Situation überfordert und „überfallen" fühlt.

Gerade jetzt zeigt sich, dass das Baby eine Beschränkung seiner Aufnahme- und Wahrnehmungskapazität hat durch die Tatsache, sich bei nicht selbst gewählten Betätigungen nur mühsam umorientieren zu können. Es wird ungeduldig, wenn es das, was es jetzt gerade möchte, nicht so umsetzen kann. Auf der anderen Seite geht nie etwas sofort, wenn die Eltern etwas wollen. Das ist leider so – und bleibt leider so, das „Syndrom der Extreme" zeichnet sich ab.

Kind, du bist etwas ganz Besonderes …

Am besten ist es, wenn die Eltern im Umgang mit ihrem Kind ihrer Intuition folgen.

Auch jetzt sollten die Eltern solcher Kinder eigentlich ihrer ureigenen Intuition, ihrem „Bauchgefühl", folgen. Sie sollten sich nicht durch die vielen (sicher oft gut gemeinten), allgemeinen „Erziehungsberatungen" irritieren lassen, vielleicht sogar mit einer Vergrößerung des Gefühls der Angst, des Ärgers, der Schuldgefühle. Nur sie kennen ihr Kind, zu ihnen muss es Vertrauen entwickeln können und dafür braucht es Wärme, Klarheit, Einfühlungsvermögen. Menschen mit einer ADHS-Struktur sind Kindern gegenüber sehr warmherzig und einfühlsam. Sie können bekanntermaßen besser für jemand anderen sorgen als für sich selbst. Kinder mit Schwierigkeiten in der

Selbstregulation brauchen jemand, der sie reguliert, und das geht nur, wenn die Bedürfnisse erkannt werden.

Je entschlossener die Schlaf- und Ruhezeiten des Kindes für die eigene Entspannung genutzt werden, desto gelassener gelingt der Umgang mit dem Spatz in dessen Wachzeiten und desto besser gelingt früher oder später die Etablierung eines Schlafrhythmus' beim Kind. „Tüchtig müde machen" kann man das Kleine, wenn es laufen kann, an der frischen Luft beim Spazierengehen, in der Sandkiste, bei gelenkten Beschäftigungen.

Grenzen setzen von klein auf – das kommt allen Kindern zugute. ADHS-Kinder scheinen für eine gesunde Entwicklung darauf angewiesen zu sein.

Eine erfahrene Kinderfrau hat sicher Recht mit ihrer Vermutung, dass es falsch verstanden sei zu denken, man müsse ein Kind vor allen Dingen Kind sein lassen und es durch Gewähren vieler Freiheiten glücklich machen. Auch Eltern älterer Kinder, nicht nur mit ADHS, sind immer wieder verblüfft, wie positiv sich die Beziehung gestaltet, wenn sie klare Grenzen setzen, Ruhezeiten einfordern, auch wenn sie sich zunächst und später immer mal wieder unbeliebt machen.

Man muss sich aber darauf einstellen, dass Kinder mit einer später festgestellten ADHS-Struktur einfach weniger schlafen. Vielleicht findet das Kind einfach nicht in den Schlaf. Wenn man merkt, dass das Gebrüll abends weniger verzweifelt als tyrannisch klingt, kann und sollte man versuchen, mit dem Kind schlafen „zu lernen".

Als Kleine wachen sie oft schon sehr früh auf, sind dann zu allen möglichen Aktionen bereit. So kann es durchaus sein, dass ein Kind mit elf Monaten im Schlafsack aus dem Bettchen turnt, um anschließend ein paar Treppenstufen zu erklimmen. Schwierig ist dann nur das Herunterkommen.

Entsprechende Vorkehrungen müssen getroffen werden, z. B. mit rechtzeitigem Anbringen des eingespannten Türgitters. Während der Wachzeit ist ab dem siebten bis achten Lebensmonat erhöhte Achtsamkeit bei neuen Fähigkeiten angesagt. Aufstehen nicht nur im Kinderwagen, im Hochstuhl, mit dem sichtbaren Wunsch, aus- oder absteigen zu wollen, macht zum Schutz des Kindes Anbinden mit dem Geschirrchen nötig. Auch draußen wird dies manchmal erforderlich.

„Mit elf Monaten riss er sich von der Hand los, weil er einen Bäcker entdeckt hatte. Essen war immer das Wichtigste für ihn."

Das zweite Lebensjahr

Ungeduld und Unruhe – das ist charakteristisch für diese Kinder. Im zweiten Lebensjahr zeigt sich die innere Getriebenheit schon deutlich und es erfordert von den Eltern viel Feinfühligkeit und Geduld, den Alltag mit dem Kind zu meistern.

Nie zufrieden!

Erschöpft und verzweifelt sind oft die Eltern, das Kind jedoch ist nie „klein" zu kriegen.

Der expansive Kindertyp zeigt zunehmend eine fast unerschöpfliche Energie. Das Kind scheint nicht zufrieden gestellt werden zu können und es zeigt diese Unzufriedenheit deutlich. Bei genauer Beobachtung ist festzustellen, dass die Eltern weder die Gründe dafür kennen oder verstehen noch die kindlichen Signale richtig „lesen" können, nicht zuletzt, weil sie selbst oft völlig überfordert und erschöpft sind, wenn sie nicht wissen, warum ihr Kind „so" ist.

„Wir wissen uns nicht mehr zu helfen und sind mit den Nerven am Ende. Ich war doch bisher immer bei ihm und viele bezeichneten ihn als ‚Mama-Kind' und ‚Sensibelchen'. Aber es ging nicht anders. Nur Tragen half. Seit ein paar Tagen beginnt er, sich selbst zu verletzen. Er rennt gegen Türen, schlägt seinen Kopf gegen Stühle und auf die Wickelkommode. Wir streiten viel, unsere Ehe hält das wohl nicht mehr lange aus. Irgendwie finden wir keine Lösung. Auf die Finger schlagen ist erfolglos, ihn in sein Zimmer bringen ebenso. Auch ihn zu ignorieren bringt nichts. Er schreit nur noch lauter, bis es wirkt und wir tun, was er will. Er ist nun drei Jahre alt und nie müde zu bekommen, macht nur eine dreiviertel Stunde Mittagschlaf. Als mein Mann jetzt im Urlaub bis zu drei Stunden lang mit ihm zu Fuß unterwegs war, war er halbwegs zufrieden. Zu seiner kleinen Schwester ist er allerdings sehr liebevoll."

Reagiert das Kind nur? Oder sind die Eltern einfach überfordert? Viele Eltern haben bereits ein oder zwei Kinder ohne größere Probleme bis in ein gewisses Alter begleitet – ohne nennenswerte Schwierigkeiten. Sie verstehen nun die Welt ebenso wenig wie Eltern, die sich auf diese Weise mit ihrem ersten Kind auseinander setzen müssen.

Viele Eltern stellen mitunter fest, dass ihr Kind nur wirklich gut zu haben ist und gut schläft, wenn es Fieber hat (keiner weiß bisher, warum das so ist).

Recht rasch wird klar, dass im Umgang mit dem Kind Wissen, Verständnis und sicher mehr als zwei Bezugspersonen notwendig werden, vor allen Dingen zur Entlastung. Bei der U6 kann ein erfahrener Kinderarzt mit „scharfem" Blick Tipps zum Umgang und Verhalten geben. Er wird sinnvollerweise bei der U7 mit zwei Jahren ganz genau hinschauen, vielleicht für sich eine „Verdachtsdiagnose" notieren.

Da diese Kinder nicht nur neugierig sind, wirklich überall und nirgends ihre Fingerchen und Näschen haben, immer Geräusche machen, dauernd in Bewegung sind, sondern auch unfähig zum „eigenständigen" Spielen zu sein scheinen, brauchen Mama und Papa Hilfe, Information und manchmal eine kurze Pause.

Es besteht die große Gefahr, dass sich Situationen immer wieder „aufschaukeln" und es dabei sehr laut und heftig zugeht.

Wissen Eltern nicht um die Problematik, entwickeln sich leider schnell solche Situationen:

„Er quietscht immer, wenn er etwas nicht bekommt. Nehme ich ihn auf den Arm, ist kurz Ruhe. Dann beginnt er wieder von vorn, wenn ich ihn absetze. Er schlägt, beißt, tritt uns, wirft alles in der Gegend herum. Er muss Krach machen und macht alles kaputt. Er kann keine Minute stillsitzen und ich habe beobachtet, dass er auch nicht spielt. Er wirft immer sein gesamtes Spielzeug durch die Gegend und muss ständig beschäftigt werden. Ich darf eigentlich keinen Schritt von ihm weichen, sonst wird sofort wieder gequietscht und gebrüllt."
Das Kind war zwei Jahre alt.

Das „nervige Quietschen", einfach mal so beim ständigen Geräuscheproduzieren entdeckt, führt zu sofortiger Erfüllung des jetzt zunehmend fordernden Kindes.

Hier geht es nicht um Umstellungsprobleme oder Irritation, sondern um eine immer heftigere Einforderung von „Wünschen": Bei sofortigem Nachgeben der Umgebung lernt der kleine Mann schnell, eventuell auch lauter zu quietschen.

Dieses Verhalten und auch das gegenseitige Aufschaukeln in der Familie können dazu führen, dass es sogar der Hausgemeinschaft unangenehm wird und die Wohnung gekündigt wird.

Die beste Reaktion ist ein kurzes, deutliches „Rückquietschen" oder ein lautes „Hallo!". Das signalisiert: Ich verstehe dich – aber so läuft's nicht!

Ungeduldig und ungestüm

Das Kind hat einfach keine Geduld, vor allem auch mit sich selbst nicht. Das führt zu ständigen Frustrationen, wenn etwas nicht so geht, wie es gehen soll.

Hört und schaut man genau hin, erkennt man, dass diese Kinder sich oft in einem Entwicklungsschub und in ihrem Vorwärts-Stürmen gar keine Zeit nehmen (können), um alles genau zu untersuchen, ausreichend lang etwas zu manipulieren und Details ihrer Umwelt richtig wahrzunehmen. Und das verstärkt sich, wenn bei ersten Zeichen der Frustration sofort reagiert wird, weil die Äußerungen des Kindes unangenehm sind, mit der Folge, dass das Kind eine andersartige Bedürfnisbefriedigung bekommt, aber eben nur kurz. Das eigentliche Vorhaben gelang nicht – das Kind macht sich gleich wieder unangenehm bemerkbar.

Aufmerksamkeit ist etwas sehr Komplexes: Man muss eine erste vorschnelle Reaktion unterdrücken können, ausreichend „wach“ sein, sich orientieren, Vorerfahrungen abrufen können.

Doch man braucht nicht nur Aufmerksamkeit, sondern auch Zeit, um als Kind entdecken zu können, dann (auf der Organisations- und Transformationsebene) verstehen zu können und schließlich auf dem entsprechenden Entwicklungsniveau erkennen und begreifen zu können. Und dafür brauchen diese oft hoch impulsiven Kinder Hilfe durch die Bezugsperson, die benennt, dass da wohl etwas nicht klappt, aber die nicht nachgibt und das Kind einfach gewähren lässt, sondern dem Kind etwas anderes zu entdecken gibt, in Ruhe und gelenkt.

Wie wichtig Ruhe und Zeit für die Wahrnehmung sind, wird in den Forschungen der jüngsten Zeit deutlich (vgl. u. a. Bischof / Köhler 2000).

Kinder mit der Disposition zu ADHS entwickeln ohnehin später nur ein kleines Zeitfenster, was ihnen das Lernen erschwert, besonders verstärkt natürlich, wenn auch von außen nicht für Ruhe und Zeit zum Experimentieren gesorgt wurde.

Das feinmotorische Hantieren fällt schwer – das macht wütend!

Zunehmend wird nun auch beobachtbar, dass diesen Kindern in der feinmotorischen Manipulation ihre mangelhafte Dosierungsfähigkeit grober Kraft heftig in die Quere kommt (außer bei großem Eigeninteresse, entsprechender Hyperfokussierung – und Erfolg!). Offensichtlich schon sehr viel früher als ursprünglich angenommen, geraten diese Kleinen dadurch furchtbar schnell in Rage, was sich massiv steigern kann, wenn das Umfeld sie nicht sofort versteht.

Der kleine Kopf will offensichtlich etwas, was die Hand noch nicht so schnell gut kann. Dann wird eben getan, was geht – rumwerfen, brüllen, rennen.

„Er war nie ein Schmuser. Dafür hatte er keine Zeit. Er musste ständig etwas tun, d. h. beschäftigt werden, was unwahrscheinlich anstrengend war. Sobald man ihn aus den Augen ließ, tat er irgendetwas, was er nicht sollte. Ich musste ihm ständig nachrennen, wenn wir im Freibad oder draußen waren. Einen Augenblick nicht aufgepasst, schon war er weg. Wir konnten den Tag nur überstehen, wenn wir vier bis fünf Stunden mit ihm draußen waren. In der Wohnung war es nicht auszuhalten, denn mir gingen die Spielideen aus, die er noch interessant fand."

Mama, warum verstehst du nicht?

Solche Kinder richtig zu verstehen ist mühsam, und schon deswegen sollten Vorwurfshaltungen aus dem Umfeld eigentlich strikt unterbleiben.

Die „Feinabstimmung" hinbekommen – das ist eine Schlüsselaufgabe im täglichen Umgang miteinander.

Mit 13 Monaten hat Sabrina mit der Mama einen friedlichen Tag gehabt. Die beiden waren draußen, haben gespielt. Die willensstarke junge Dame war wirklich zuckersüß und hatte am Abend akzeptiert, eine halbe Stunde in den Laufstall gesetzt zu werden, um sich mit den Holztieren zu beschäftigen. Beim Herausnehmen danach zeigt das Kind auf den eigenen Mund, dann auf den Mund der Mutter, greift sich an den Kopf, dann an den Kopf der Mutter, schmiegt sich mit ihrer Backe an die der Mutter an. Sie guckt fragend – die Mama versteht aber gerade nicht.

Später wird sie zu Bett gebracht, schläft auch ein. Als die Erwachsenen zu Abend essen wollen, wacht sie auf, beginnt heftig zu schreien, regelrecht verzweifelt. Die Mutter holt sie und fragt, ob sie noch Hunger hat. Beim Anbieten der Flasche bekommt das Kind einen richtigen Wutanfall, kreischt, krallt unvermittelt und heftig der Mutter in die Backe und zieht sie an den Haaren. Auch ein Ablenkversuch durch den Vater bringt keine Beruhigung.

Nach einiger Zeit wird das Schlafengehen noch einmal versucht, ohne Erfolg. Der Mutter fällt jetzt ein, dass das Kind möglicherweise Probleme mit den Zähnen hat und verbalisiert das, was das Kind dann mit Beruhigung quittiert. Dies verstärkt sich, als es etwas zum Herumkauen angeboten bekommt. Mama hat endlich verstanden, dass der zwei Tage später durchbrechende Backenzahn seit dem Spätnachmittag zu spüren war und jetzt einfach wehtut – da hilft doch kein Schoppen!

Die Feinabstimmung mit einem solchen Kind hinzubekommen ist eine sehr lohnende, aber auch sehr anstrengende Angelegenheit, vor allen Dingen für Erwachsene, die selbst reizoffen und impulssteuerungsschwach sind und natürlich auch ihre ganz eigene Lerngeschichte haben.

Solche Kinder sind nicht „en passant" zu erziehen und müssen vor allen Dingen verstanden werden. So wurde es dem 13 Monate alten Kind spannenderweise an einem einzigen Tag möglich, frei zu laufen, nachdem Mutter und Tante einen „Fußtag" mit ihm gemacht hatten: Schuhe und Strümpfe wurden ausgezogen und das Kind bekam, an den Händen gehalten, Kontakt zu allen möglichen Unterlagen, einem Stein, Gras, Wasser, Sand usw.

Offensichtlich geriet das Kind ganz langsam in den „Hyperfokus Füße" und beschäftigte sich danach auch, im Kinderwagen sitzend, intensiv mit seinen nackten Füßchen.

Am späten Nachmittag, in einem aufblasbaren Plastikschwimmbecken mit vielen bunten Kugeln darin, war das Mädchen dann völlig fasziniert von diesen Kugeln und versuchte sie besonders deutlich dem Papa zu zeigen – plötzlich aufstehend und frei sein Gewicht übernehmend. Wie von selbst gingen dann, eine Stunde später, schon 26 Schritte am Stück – mit jeweils einer Kugel in der Hand.

> Schnell wird klar: Erscheint etwas aus Sicht des Kindes neu, interessant, spannend, geht fast Unglaubliches.

Missverständnisse entstehen schon früh: Ein kleines Mädchen hat eine spontane Idee. Es sitzt im Hochstuhl mit 13 Monaten. Auf dem

Tisch steht eine neue, silberne Butterdose. Das Kind windet sich mit unglaublicher Kraftanstrengung nach vorn; es ist nämlich im Hochstuhl angebunden, da es seit ein paar Tagen dazu neigt, blitzschnell aus dem Stuhl auszusteigen, wenn es ihm langweilig ist. Mit großer Kraftanstrengung erreicht das Mädchen den schweren Deckel – und ist dann ausgesprochen „ungnädig", wenn ihm die mit so viel Mühe ergatterte „Beute" hoch impulsiv von der völlig überrascht und irritiert reagierenden Mutter mit heftiger Emotion weggenommen wird.

Mit Zielstrebigkeit werden eigene Ziele verfolgt. Dabei bringt sich das Kind nicht selten in Gefahr.

„Mit 14 Monaten kletterte unser Sohn über den Zaun."

„Mit 15 Monaten entfernte sich unsere Tochter einfach ganz alleine zum Spazierengehen aus dem Garten."

Mit 18 Monaten war der sehr pfiffig wirkende und schon sehr eloquente Jan am Heiligen Abend mittags plötzlich verschwunden. In heller Aufregung wurden die Polizei und die Feuerwehr verständigt. Nach eineinhalb Stunden war Jan wieder da. Völlig verwundert erläuterte er, dass er doch nur das Christkind gesucht habe, und deswegen sei er auf die Neckarhalde marschiert (1,5 km entfernt). Auf die irritierte Bemerkung der Tante, er hätte sich doch verlaufen können, schüttelte der Junge nur entschieden den Kopf. Er kenne sich doch aus!

Es ist Sommer. Das Küchenfenster ist angelehnt, die Mutter und Stefanie (zwei Jahre) sind bei der Essensvorbereitung. Es klingelt an der Tür. Als die Mutter nach ein paar Minuten wieder die Küche betritt, sieht sie eine „Leiter" aus Hocker und Stuhl am Küchentisch – vor dem Dachfenster. Das Kind ist durch das Fenster aufs Dach geklettert und sitzt in der Dachrinne, streichelt die Katze …

Die Mutter als geistesgegenwärtige „Chaosprinzessin" lockt ihre Tochter mit Schokolade …

Den zweijährigen Zwillingskindern ist es im Straßencafé langweilig. Also gehen sie mal ein bisschen gucken und sind schnell mitten auf einer Kreuzung, in die fünf Straßen einmünden, überrascht, als man sie da weglocken möchte.

Was das Kind interessiert und was dann eigentlich auch recht schnell funktioniert, wird geübt und bald auch beherrscht, mit viel Wiederholung, ob nun von Papa und Mama erwünscht oder nicht.

„Wenn mein Mann abends nach Hause kam, hatte man das Gefühl, unser Sohn mache alles aus Boshaftigkeit. Mein Mann schimpfte auch, wenn er nun die Stereoanlage bearbeitete. Und das machte alles nur noch schlimmer und Max tat nur noch mehr, was er nicht sollte. Entsprechend hatte mein Mann dann jahrelang keinen Draht zu ihm, da der Junge auf Schimpfen negativ reagierte. Ich, als Mama, reagierte immer anders, und mit mir kam er dann auch einigermaßen klar."

Die typischen Verhaltensformen sind keineswegs primär Folge einer Wahrnehmungsstörung.

Lange war man der Auffassung, dass Kinder mit ADHS wohl primär wahrnehmungsgestört seien und man nur ausreichend, z. B. im Kindergartenalter, im Rahmen der sensorischen Integrationsbehandlung die notwendigen frühen Wahrnehmungsintegrationsprozesse mit ihnen nacharbeiten müsse, dann sei das Problem beseitigt. Dem ist wohl nicht so. Wahrnehmungsdifferenzierung und Wahrnehmungsintegration scheinen bei Eigeninteresse und entsprechender Aktivierung im Gehirn sogar schnell und besser zu gehen – aber eben nur dann! Dann wird mit 20 Monaten souverän der Aluminiumdeckel vom Joghurt gezogen, der Löffel erstaunlich geschickt beim Lieblingsessen manipuliert, der Ball locker mit einem Fuß weggekickt!

Alles für sie Interessante nehmen diese Kinder auf wie kleine Schwämmchen mit oft verblüffendem Gedächtnis. Sie lernen auch schnell, was ihnen wichtig scheint, von ganz alleine (wenn sie nicht noch zusätzlich eine Entwicklungsstörung haben).

Musst du jetzt schon mit dem Kopf durch die Wand?

Hilfe, sich zu spüren, bei einer Sache bleiben zu können, die nicht so interessiert, brauchen diese Kinder immer und schon früh, mit entsprechenden Begrenzungen und Beschäftigungen. Frustrationen haben sie aber trotzdem, weil manchmal auch für sie Attraktives al-

tersgemäß einfach nicht gleich klappt. Wir müssen Abstand davon nehmen, dass dieses Problem zu beseitigen sei, und müssen akzeptieren, dass reizoffene, reizfilterschwache und impulskontrollschwache Kinder oft schon ganz früh das Problem haben, dass ihr Affekt einfach heftiger ist und heftig durchbricht und sie ihm regelrecht ausgeliefert sind.

Das Problem der mangelnden Affektsteuerung haben manche Kinder einfach schon von klein auf. Man muss akzeptieren, dass man das nicht ändern kann.

Mara will mit 13 Monaten laufen, aber irgendwie tun ihre Füße noch nicht so richtig mit. Sie braucht noch etwas zum Festhalten und schiebt einen schweren Holzpuppenwagen mit viel Kraft gegen den Schrank, der da dummerweise im Weg steht. Sie beißt spontan in die Lenkstange, sichtlich verzweifelt, wütend und hilflos über das abrupte Unterbrochenwerden.

Durch das Problem der schon früh vorhandenen inneren Getriebenheit, dem Streben nach neuen Zielen, unterschätzen diese Kinder in ihrem ständigen Unterwegssein häufig die Gefahr. Sie wirken entsprechend furchtlos und risikofreudig, können Distanzen und Höhen nicht abschätzen und halten somit ihr Umfeld „auf Trab".

Alles wird ausprobiert. Und so fährt Bastian eben mit 18 Monaten mit dem Bobby-Car die Treppe runter. Nora klettert mit 14 Monaten auf das Schaukelgerüst oder versucht, die kleine Kinderrutsche auf der Rutschfläche hinaufzusteigen. Mit 18 Monaten hüpft sie am liebsten auf dem Trampolin, mit Festhalten, mit 20 Monaten verzweifelt sie fast, noch nicht so hoch hüpfen zu können wie der Zweieinhalbjährige.

Die innere Getriebenheit ist von klein an vorhanden.

Für etwas hoch motiviert, erscheinen auch die ganz Kleinen erstaunlich geschickt und schnell in der Reaktion – ausgestattet mit vielen Schutzengeln.

Erfahrungen ermöglichen

Hilfreich ist es, dem Kind spielerisch Gelegenheit zu geben, Erfahrungen des Spürens und der Schwerkraftsicherung zu machen, dem Spüren des eigenen Körpers im Raum. Schaukeln, Rutschen, „Arbeiten" mit Alltagsgegenständen (natürlich unter Aufsicht), Spielen im

Sand und Gewähren-Lassen des großen Interesses der Kleinen für so alles, was sie draußen in der Natur finden, helfen dem Kind zur verbesserten Wahrnehmung seiner selbst und der Umgebung – und damit auch zur Verbesserung seines „inneren Gleichgewichts". Solange das Kind mitmacht, ist es sinnvoll, seine „sensomotorischen" Spiele nicht zu unterbrechen.

Und: Alles klappt besser in einer 1:1-Situation, wie später auch bei den „Großen".

Sinnvoll erscheint, das Kind das tun zu lassen, was es gerne möchte, nämlich ganz konkrete Erfahrungen mit Haushaltsgegenständen machen, wie das Modell. Es mag ab 13 oder 14 Monaten sehr gern etwas ausräumen und einräumen, kehren, Kissen ausschütteln, helfen.

Für Spielzeug zeigen diese Kinder meist kein großes Interesse. Sie wollen das tun, was die Erwachsenen machen.

Bezieht man das Kind viel ein und übt mit ihm nicht nur zu „spielen", wird es weniger Unsinn machen. Mit sinnvollem Spielmaterial spielt es vielleicht kurz ab und zu (am besten und intensivsten in regelmäßig eingeforderten Zeiten im Laufstall!), erfahrungsgemäß aber erst wesentlich später im Leben richtig gern. Viele solcher Kinder beginnen erst mit zehn bis zwölf Jahren, dann aber intensiv, z. B. Lego zu bauen, Puppen oder Playmobil zu spielen.

Dabei kann man schon spielerisch anüben, dass das Kind ein ganz kleines bisschen länger an etwas bleibt, als es eigentlich von sich aus möchte. Und verblüfft wird man wahrnehmen, dass die Kinder schon richtig ernst und konzentriert werden, wenn man ihnen einen kleinen Auftrag gibt, den sie erfüllen können.

„Die Maus ist jetzt mit 17 Monaten richtig hilfreich beim Einkaufen: Sie legt alles auf das Förderband und packt danach alles in den Korb zurück – wenn ich allerdings nicht schnell genug bin, packt sie die Gegenstände wieder aufs Förderband zurück."

Das klingt zunächst sehr anstrengend und lässt auch keinen geordneten Haushalt erwarten, der ohnehin bei einem solchen Kind in der frühen Kinderzeit nicht zu führen ist.

Man sollte den Mut haben, das Kind regelmäßig für kurze Zeiten, z. B. während sich die Eltern und Geschwister morgens fertig machen, nach dem Mittagessen usw. in die reizreduzierte Umgebung des Spielplatzes mit Zaun, und mittags mit Kuscheltieren ins Bettchen zu „verfrachten“.

Und was ist mit Kinderkontakten?

Der Umgang mit anderen Kindern, vor allem in einer größeren Gruppe, überreizt das Kleinkind mit ADHS schnell.

Besonders „gruppengeeignet“ sind solche Kinder nicht und profitieren für ihr „soziales Lernen“ meist nicht von Krabbelgruppen oder Spielkreisen.

„Als unser Sohn zwei Jahre alt war, war er das liebste Kind, wenn die Oma zwei Stunden lang mit ihm spielte. Entsprechend sahen die Großeltern die Probleme nicht.

Wenn ich bei befreundeten Müttern zu Besuch war, war nichts vor ihm sicher. Alles, was in Reichweite war an interessanten Einrichtungsgegenständen, wurde angefasst, und öfters ging etwas zu Bruch. Besuche wurden für mich zu einer Tortur.

Dann besuchten wir auch einen Spielkreis. Mirco war so hyperaktiv, dass man ständig nach ihm schauen und eingreifen musste. Alles, was für ihn interessant war, wollte er haben und ging wenig sorgsam damit um. Er drehte total auf und konnte nie am Tisch sitzen. Das Schlimmste für mich war, dass er hinterher durch die vielen Reize total fertig war und nur noch brüllte.“

Darauf gilt es sich einzustellen, ebenso darauf, dass ein solches Kind in der frühen Kinderzeit, um das zweite Lebensjahr herum, mit einem Geschwisterkind konfrontiert, möglicherweise heftig reagieren wird.

„Unsere Tochter war 14 Monate alt, als unsere Zwillinge geboren wurden. Wir hatten sie, so gut es ging, darauf vorbereitet. Nach der Geburt brachte mein Mann sie zu mir. Vorsorglich hatten wir die Zwillinge nach nebenan gebracht, um unsere Kleine ganz für uns zu haben. Als ich ihr erklären wollte, mit der Hand auf meinem Bauch, dass die Brüderchen nun da seien, zeigte unser Kind sofort nach nebenan, hatte offensichtlich schon begriffen, worum es ging.

Sie kam aber offensichtlich mit der Situation überhaupt nicht zurecht. Sie war vorher ein ganz fröhliches, sonniges Kind gewesen, das jedem zuwinkte. Jetzt hing sie nur noch an meinem Rockzipfel. Das wurde immer schlimmer, zumal sich nun alle Menschen immer als Erstes auf die Zwillinge stürzten.“

„Als nach zwei Jahren unsere Tochter geboren wurde, wurde es sehr schwierig. Auch mit dem kleinen Baby waren wir bis zu fünf Stunden draußen, damit unser Sohn sich austoben konnte. Selbst im kältesten Winter. Nun fehlte ihm aber offensichtlich dennoch die Zuwendung, die er sich wünschte. So pinkelte er das Klo voll, schmierte Creme an die Wände, ging sogar mit dem Fleischmesser auf die kleine Schwester los. Es wurde erst besser, als die Kleine mit sechs Monaten krabbeln konnte. Da wurde sie von ihm akzeptiert.“

Das Trotzalter setzt oft früh ein und gestaltet sich häufig sehr heftig.

Es ist ganz sicher nicht primär das Verschulden der Eltern, wenn diese Kinder so heftig reagieren. Mit oder ohne Ankunft eines Geschwisterkindes geraten sie oft früh und heftig ins Trotzalter mit Wutanfällen, sich auf den Boden werfend, mit dem Kopf auf den Boden schlagend und mit Trotzreaktionen bis hin zum „Affektkrampf“ (heftiges Schreien, bis zum Blau-Anlaufen und dann Ohnmächtig-Werden).

Die Ankunft eines Geschwisterchens

Ein „neues“ Kind bringt das gewohnte Familiengefüge völlig durcheinander. Und das schafft Probleme.

Wie schon im ersten Lebensjahr gilt, dass alles Neue, Unerwartete problematisch ist. Und – Mama macht viel und will viel, was ein Kind nicht „mag“. Immer wieder soll man etwas anderes essen, die dummen festen Stiefel anziehen, den dicken Anorak, in dem man sich kaum bewegen kann – und jetzt so was?!

Hier zeigt sich deutlich die Affektdysregulation, die natürlich verschärft auftritt, wenn durch ein Geschwisterchen plötzlich alles „ganz anders“ ist im Umfeld des Kindes. Davon „überwältigt“, kann es naturgemäß nur mit negativem Affekt reagieren – zunächst; es ist ja noch zu klein, als dass man es darauf vorbereiten könnte.

Völlig kontraproduktiv und schädigend ist ein aus der Verzweiflung geborenes Überreagieren, möglicherweise sogar „fachlich“ angeleitet mit der Festhaltetherapie, dem plötzlichen langen und kompletten Umklammern eines solchen Kindes, um dieses überbordende Verhalten zu stoppen. Besonders problematisch ist, dass dann noch gefordert wird, dass das Kind dabei die „überschäumende Liebe“ der Bezugsperson erlebe.

Am besten ist es, das Kind, so gut es geht, einzubeziehen in die Vorsorgung des Babys. Besucher sollten gebeten werden, erst das „große“ Kind zu begrüßen. Wichtig ist eine Bezugsperson, die hilft und weiß, dass ein solches Kind sich nicht mit Vorsatz in den Mittelpunkt stellen möchte, sondern eben immer „Regulierungsprobleme“ hat. Sie sollte sich mit dem Kind intensiv beschäftigen (aber nicht mit ständig schlechtem Gewissen, den Neuankömmling zu vernachlässigen, sondern, wenn dazu Zeit ist, sich dem größeren Kind intensiv zuwenden).

Gerade in dieser Entwicklungsphase zeigt es sich besonders problematisch für die spätere Entwicklung, wenn auf das heftig reagierende Kind verärgert oder sogar feindselig reagiert wird.

Kinder mit schwierigem Temperament und Tendenzen zu aggressivem Verhalten mit zwei Jahren zeigen eine große Stabilität dieses Verhaltens auch später, was natürlich negative Reaktionen des gesamten Umfelds regelrecht triggert – und zur Verschlechterung des kindlichen Verhaltens und seines Selbstwertgefühls führt.

Erfreulicherweise gibt es aber auch „schwierige“ Kinder, die ein neues Geschwisterchen sofort sehr mögen und ganz lieb (manchmal zu viel) „mitmuttern“. Das elterliche Modell mit allen Facetten ist, wie gesagt, ja sehr interessant …

Frech und vorlaut?

Vorsicht, wie man mit dem Kind redet: Man bekommt jede Bemerkung im gleichen Tonfall irgendwann zurück!

Wie gut diese Kinder Modellverhalten schon früh erkennen und entsprechend reagieren, kann man am Spontanverhalten oft schon ganz junger Kinder beobachten:

Die Mama will nicht, dass das Kind an den Katzennapf geht. Sie sagt es einmal freundlich, einmal deutlich und dann sagt sie kurz und energisch: „Weg da jetzt!“ Mit genau diesen Worten reagiert Sophie, 14 Mo-

nate, morgens, wenn die Mama ihr das Gesicht waschen will, was sie hasst: „Weg da jetzt!“

Nadja steht mit zwei Jahren in der Küche auf dem Tisch, holt aus dem herabhängenden Obstkorb eine Banane und sagt entschieden zur hereinkommenden Mutter: „Mach den Abflug, aber schnell“, wie sie es ja schon so oft gehört hat.

Frech? Vorlaut? Die Imitation der Verbaläußerungen von Erwachsenen gelingt solchen Kindern oft schon verblüffend gut, mit einer hervorragenden Tonfallimitation, was man nicht persönlich nehmen sollte. Sorgfältig muss man hingegen überwachen, wie man reagiert. Lacht man, fühlt sich das Kind natürlich positiv verstärkt und lernt superschnell, dass dieses Verhalten wohl lustig ist – und wiederholt es!

Mit Verärgerung kann das Kind in diesem Entwicklungsalter noch überhaupt nichts anfangen, es weint, weicht zurück oder reagiert aggressiv – je nach Typ.

Die Konsequenz ist klar: Wesentlich sinnvoller als psychodynamische Interpretation einerseits und hilfloses Schimpfen oder Wehren andererseits ist es, sich intensiv damit zu beschäftigen, dass es eben solche Kinder gibt, die dazu neigen, extrem zu reagieren.

Ein weiteres „Muster“ scheint zu sein: Wenn ein solches Kind auch nur einmal etwas positiv empfunden hat, will es das sofort und immer wieder wiederholen.

Erkennt man ihren Widerstand, benennt ihn und korrigiert nur wirklich, wo man korrigieren muss, dann aber kurz nachhaltig und entschieden, geht es besser.

Kleine, markante, bleibende Redewendungen bekommen dabei Signalcharakter für „Stopp“, wie z. B. „Ach du liebe Lotterkiste!“. Es genügt auch, nur den Namen des Kindes aussprechen.

Viel Erklären und Reden, das irgendwann gereizt (mit erhöhter Stimmlage) erfolgt, hilft nicht, vor allem, da solche Kinder schon sehr früh hoch empfindlich auf Tonfall, Gestik und Mimik reagieren. Zudem können sie auch nur sehr starke Reize als „Hinweisreize“ erkennen, wie viele Eltern es instinktiv spüren und deswegen „auf drei“ zählen oder den kleinen Spatz auch einmal ohne viel Worte nach vorheriger Ankündigung trotz Geschrei von einer unerwünschten Betätigung wegholen.

Kurze, freundlich-eindeutige Signale – darauf reagiert das Kind am besten.

Ein etwas älteres Kind hat dies einmal sehr eindrücklich der Mama erklärt:

Der Junge spielte mit seiner Mama immer wieder dasselbe Lieblingsspiel im Rollenspiel, nämlich Hund. Er war der Hund, Mama das Frauchen. Kinder mit ADHS wiederholen von sich aus gerne immer wieder und immer wieder dasselbe, bis sie etwas verautomatisiert haben. Und so spielte entsprechend Paulchen immer wieder mit seiner Mama dieses Hundespiel.

Bei einem Konflikt während des Aufräumens sagte der Junge bei einer langen Auseinandersetzung plötzlich verzweifelt: „Mama, du musst jetzt Hund mit mir spielen und du musst jetzt ‚Aus' zu mir sagen!"

Dieses „Aus" ist das kurze, klare Signal, das er braucht, um reagieren zu können, „umschalten" zu können.

Jessica wünscht sich mit sechs Jahren auf die verzweifelte Frage, was die Mama denn anders machen solle „Gib mir doch Befehle mit Bassstimme!"

Die Kommunikation in Krisenzeiten gelingt oft umso leichter, je fröhlicher oder burschikoser der Sprecher schon von vornherein dem Widerstand begegnet: „Hoppala, und schon ist der Stiefel da!" – „Blubb – und weg ist die Windel!" Macht die Mama lustige Geräusche, lacht das Kind – und die Situation ist gerettet!

Die „Tagesform"

ADHS verläuft schub- und phasenweise.

Kinder mit ADHS reagieren immer wieder anders. Auch hier gilt wieder: beobachten. Es gibt Tage, da zeigt schon frühmorgens die sehr sprechende Mimik eines solchen Kindes, dass es noch nicht richtig „wach" ist. Gibt man ihm nicht die Zeit, um anzulaufen, sondern muss man in der Hektik des eigenen Tagesablaufs nun schnell machen oder übersieht diese Signale, wird es sicherlich kein friedliches Frühstück. Da hilft dann auch nicht das Anbieten von ein bisschen Ei oder Joghurt. Das Kind wird schwierig reagieren und noch problematischer (aggressiver) werden, wenn der Erwachsene entsprechend reagiert.

> Es ist wichtig zu akzeptieren, dass schon die ganz Kleinen Phasen haben, in denen es ihnen recht gut geht, und Phasen, in denen ihnen schnell „alles zu viel" wird.

Die Kommunikation mit dem Kind

Das Kind mit einer ADHS-Struktur benutzt Sprache lange nur ganz konkret; die symbolhafte Verwendung entwickelt es erst spät.

Schnell wird auf eine „Sprachverständnisleistung" getippt, wenn ein Kind einen verbal gegebenen Auftrag in einer aktuellen Situation ausführen kann. Dies können Kinder mit dieser Struktur auch ganz früh. Physiologischerweise beginnen Kinder im Alter von etwa 18 Monaten in Bildern einen „Symbolcharakter" zu entdecken, d. h. dass das Bild für eine ganze Geschichte, einen ganzen Ablauf steht. Entsprechend schaut sich ein Kind z. B. ein spezielles Bild immer wieder an und beginnt dann, das Wahrgenommene, z. B. eine Frau, die ihr Kind hält, im eigenen Spiel mit der Puppe zu verbinden.

In der Entwicklung eines Kindes im zweiten Lebensjahr werden sprachliche Inhalte und Formen von dargestelltem Alltagsgeschehen ganz konkret aus dem tatsächlichen Erleben miteinander verbunden. So wird z. B. ein Bild vom Vater, der von hinten auf einem Stuhl sitzt und von dem eigentlich nur der Hinterkopf zu erkennen ist, assoziiert mit der Tatsache, dass der Papa ja genauso ausgesehen hat, als er ins Schwimmbad gestiegen ist. Entsprechend wird von einem 22 Monate alten Jungen assoziiert, dass der Papa schwimme. Bei einem Bild, auf dem der Papa von der Seite gezeigt wird, assoziiert dasselbe Kind, dass der Papa nun nicht mehr schwimme.

Es besteht der begründete Verdacht, dass Kinder, die so „anstrengend" sind und später ADHS entwickeln, zwar früh schon ein großes Signalverständnis für Sprache im Hier und Jetzt und in der konkreten Situation haben, aber wohl längere Zeit benötigen, um wirklich symbolhaft Sprache anwenden zu können (ohne jegliches Verschulden der Eltern).

Beim Problemlösen von Alltagsgeschehnissen ist es für ein solches Kind relevant wahrzunehmen, wer, wo, was und wie getan hat, und das gelingt ganz offensichtlich auch sehr gut bei allem, was das Kind subjektiv spannend findet.

„So nebenher" bekommen diese Kinder vieles mit, aber meist nicht das, was man ihnen gezielt sagt.

So imitieren diese Kinder z. B. die schimpfende Mutter. Tittmann fand 1993 in ihrer bemerkenswerten Diplomarbeit über kleine Kinder mit ADHS zwischen zweieinhalb und vier Jahren heraus, dass die Kinder z. B. beim Essen in der Familie unauffällige Verhaltenspassagen zeigen (d. h. auch mal nichts sagen oder nicht unruhig sind), wenn ein Erwachsener mit einem anderen etwas redet oder der Erwachsene mit dem Geschwisterkind spricht. Eltern größerer Kinder mit ADHS berichten später, dass offensichtlich das Kind „so nebenher" alles Mögliche mitbekommt, nur nicht das, was es mitbekommen soll. Diese Kinder scheinen in der Situation, in der es notwendig ist, nicht zu hören, und tun nur das, was ihnen gerade spontan einfällt (wobei alle Kinder ihr Gehör ständig und aktiv eigentlich erst spät im Leben miteinbeziehen).

Direktes Nachahmen jedoch gelingt ganz offensichtlich hervorragend und auch aufgeschobenes konkretes Nachahmen von „interessanten Abläufen".

Tristan, zwei Jahre, ist zu Besuch beim Onkel und dessen Familie. Als Aperitif wird Prosecco getrunken. Da noch etwas in der Flasche ist, wird diese mit einem Metallkorken verschlossen, der nach dem Nachschenken auf dem Tisch liegen bleibt. Als alle essen, steigt Tristan, der früher aufstehen darf, „zielgerichtet" von seinem Stuhl auf, um sich damit zu beschäftigen, den Verschluss auf die Flasche zu montieren.

Kleinigkeiten, die für das Kind interessant sind, werden genau registriert und „abgespeichert".

Oft ist die Auffassungsgabe gut und das Erinnerungsvermögen für z. T. winzige Kleinigkeiten hervorragend. Eltern berichten z. B. bei vielen dieser Kinder von einem hervorragenden Orientierungssinn, schon in ganz jungem Alter. Kleine Merkmale mit Signalcharakter werden wiedererkannt – hinter dem gelben Haus wohnt die Oma!

Es muss allerdings in Frage gestellt werden, inwieweit solche Kinder schon tatsächlich, auch in diesem Alter, so symbolisieren, wie das andere Kinder tun.

Schwierigkeiten mit der Symbolbildung?

Möglicherweise spielt das „Zeitfenster im Hier und Jetzt" schon ganz früh eine Rolle, denn ein solches Baby hört nicht auf zu schreien, wenn es sieht, dass die Mama die Flasche vorbereitet! Symbolspiele tauchen oft erst spät auf.

Nur was im „Hier und Jetzt" geschieht, wird wirklich verstanden und ist nachvollziehbar.

Im Tierversuch wurde festgestellt, dass man einem Schimpansen mitteilen kann, dass er eine Banane erhält, er es aber nicht verstehen kann, dass dies erst am Nachmittag passieren wird. Er braucht die Banane sofort, für ihn hat die Banane also Signalcharakter. Menschenkinder können mit 18 Monaten schon 10 bis 35 Sekunden warten, bis sie ein eingepacktes Geschenk öffnen dürfen (Vaughn et al. 86).

Eltern von Vorschulkindern mit ADHS berichten, dass diese Kinder eine Belohnung oder etwas, was sie sich in den Kopf gesetzt haben, nicht abwarten können, wenn dies wichtig für sie ist, und immer wieder davon anfangen. Wörtchen wie „nachher, gleich" werden wohl nicht „verstanden". Später in der Schulzeit aber werden diese viel gehörten Wörter selbst ständig angewandt auf für die Kinder gefühlsmäßig negativ besetzte Aufforderungen der Eltern hin (aufräumen, Hausaufgaben machen) – als Ausdruck „inhaltsleerer" Zeitbezeichnungen mit gelernt negativer Gefühlsfärbung?

Bei diesen expansiven, impulssteuerungsschwachen Kindern wird oft schon früh deutlich, dass sie gern ganz realistisch „spielen", d. h. umgehen mit Dingen, die die Bezugspersonen handhaben, und später im Rollenspiel immer ganz konkret Situationen nachspielen.

„Über", „unter", „neben", „hinter" usw. sind Wörtchen, die recht schnell gelernt und „begriffen" werden, aber nicht Wörtchen wie „langsam", „schnell", „warten" usw. Hören die Kindern von etwas Attraktivem, wollen sie es sofort!

Eigene und fremde Bezugssysteme koordinieren

In die Zukunft planen – ein schwieriges Unterfangen bei ADHS.

Missverständnisse sind natürlich „programmiert", wenn man überlegt, dass einem selbstbetroffenen Elternteil auch nicht „automatisch" die Zeitüberwachung gelingen mag. Ebenso wenig kann er ständig „hintergründig" gleichzeitig den subjektiven Charakter eigener und fremder Bewusstseinsinhalte reflektieren, d. h. beide Bezugssysteme von sich und dem Gegenüber quasi gleichzeitig verinnerlichen, mit entsprechender angepasster Handlungsumsetzung. Eine solche Denkweise entsteht „normalerweise" mit vier Jahren und erlaubt auch, sich Bedürfnisse vorzustellen, wenn man sie gerade selbst nicht verspürt. Und dies bei sich und dem anderen Gegenüber. So ist „normalerweise“ das Planen eines Speiseplans für eine Woche möglich (mit dem gleichzeitigen Berücksichtigen der Bezugssysteme Essen und Zeitverlauf) – ein Erwachsener mit ADHS kann „unmöglich“ am Sonntag schon wissen, was er am Freitag essen will. Einander überlagernde Bezugssysteme sind nicht unterscheidbar.

Vom kleinen Kind mit drei Jahren kann man die spontane Antwort bekommen, dass es nicht baden wolle, wenn man es fragt, was es denn so alles brauche, wenn es baden gehen wolle. Den allermeisten Kindern gelingt aber mit vier bis fünf Jahren die Vorwegnahme der benötigten Gegenstände durchaus.

Selbst eine intelligente Erwachsene mit ADHS, die den liebevollen Vorschlag des Ehemanns erhält, sich nach einer schwierigen Arbeit doch ein bisschen zu entspannen und einen Saunabesuch zu machen, nachdem sie vor einigen Tagen angekündigt hatte, mehr für ihre Entspannung und Gesundheit tun zu müssen, hat mit der Koordination der Bezugssysteme Probleme. Jetzt im Moment will sie noch eine Fernsehsendung sehen, wie sie recht ruppig verkündet …

Mit ihrem syndromtypischen Zeitfenster im Hier und Jetzt und ihrer „spontanen“ extremen Emotion ist sie „gerade“ nicht darauf eingestellt (und wehrt genauso heftig ab wie das Dreijährige) in der syndromtypischen Unfähigkeit, sich daran zu erinnern, vor kurzem die Meinung geändert zu haben und sich nicht mehr für so belastbar zu halten.

Die Empathiefähigkeit

Die Empathiefähigkeit ist bei Menschen mit ADHS oft besonders stark ausgeprägt.

Diese „Theory of Mind“ (als Fähigkeit, Bewusstseinsinhalte als Ergebnis von Bewusstseinsakten zu erkennen, zwischen subjektiven charaktereigenen und fremden Bewusstseinsinhalten zu reflektieren) hat nichts mit Empathiefähigkeit zu tun (vgl. Bischoff/Köhler 2000). Empathiefähigkeit, das Sich-Einfühlen ausschließlich und nur ins Gefühl eines anderen, ist bei ADHS bekanntermaßen völlig unauffällig und sogar besonders gut entwickelt und beinhaltet das Innewerden von Bewusstseinsvorgängen anderer. Nach den Forschungsergebnissen entwickelt sich dies schubweise etwa ab Mitte des zweiten Lebensjahres.

Möglicherweise entsteht die Empathiefähigkeit im Laufe des Lebens eines Menschen mit einer ADHS-Struktur ganz besonders stark „ersatzweise" für die Unfähigkeit zur Metakognition (ständiges Nachdenken über das Nachdenken) und dem „automatischen" Perspektivewechsel, nicht zuletzt, weil man dafür ja ganz besonders viel positives Feedback bekommt.

Bei der Uneinschätzbarkeit des kindlichen Reagierens und Verhaltens, das phasenweise problematisch, da unverständlich erscheint, und dem zunehmenden Kummer mit der immer wieder „nicht situationsangepassten" Selbstdarstellung erleben Eltern solcher Kinder oft früh Abgründe, die sie sich vorher niemals vorgestellt hätten.

Das Leben mit dem Kind – ganz anders als gedacht

Schon die Regulationsstörungen im ersten Lebensjahr nerven, wenn man einfach nicht weiß, wie man ein solches Kind „abstellen" kann.

Man hat sich das Familienleben so harmonisch ausgemalt – und nun?

„Wenn dieses Kind mein erstes Kind gewesen wäre, hätte ich kein weiteres bekommen", so die Mutter von Julian, sieben Jahre.

Meist ist ein solches Kind durchaus erwünscht, und oft gab es auch (naive?) Vorstellungen, vielleicht wurde sogar richtig geplant, wie das Familienleben verlaufen soll. Die realistische Einschätzung, dass man für ein Kind 24 Stunden präsent sein muss, was auch ein Zurückstellen der spontanen eigenen Bedürfnisse angeht, war nicht so richtig klar, wie sicher für mehr oder minder alle Eltern. In der Vorfreude aufs Baby war entsprechend auch der Verzicht auf eigene „Kicks" nicht so vorstellbar, die man sich in unserer schnellen, modernen Zeit ja gerne geben möchte (und kann). Es wird z. B. von einer Frau vermehrt Selbstbewusstsein eingefordert im Sinne von Selbstwertgefühl und Eigenständigkeit, obwohl sie in ihrer eigenen Struktur als „Chaosprinzessin“ möglicherweise ein starkes Bedürfnis nach Anlehnung an einen starken, aber sie dennoch nicht einengenden Partner hat, bei absolutem Harmoniebedürfnis.

Nun wird sie mit einem schwierigen Baby konfrontiert und ist selbst möglicherweise seit Kindertagen schon hintergründig verunsichert und belastet durch latente Verlust- und/oder Existenzängste.

Beeinflussbar, wie sie ist in ihrer Reizoffenheit, kommen nun Ratschläge und Kommentare unterschiedlichster und widersprüchlichster Natur. Entscheiden konnte sie sich „syndromtypisch“ eigentlich bisher sowieso nur spontan oder gar nicht. Intuitiv erspürt sie durchaus, was das Baby braucht, kann aber dann das, was es braucht, nicht realisieren, weil sie ein eigenes Erschöpfungsgefühl oder Angstgefühl übermannt oder ihr der Partner vorgibt, wie das Baby zu handhaben sei usw.

Völlig destabilisierend wirken natürlich zusätzliche Interpretationen und Bewertungen, von wem auch immer.

> Eltern fühlen sich einem solchen Kind oft ausgeliefert und nehmen das frühe und heftige Verhalten des Kindes schon im ersten Lebenshalbjahr persönlich.

Ein Neugeborenes und ein junges Baby mit und ohne diese Struktur kennt aber im Wachzustand nur Wohlsein oder ein diffuses Unwohlsein, kann lustig sein, quengeln oder Schmerz empfinden. Sein Gegenüber will es ganz sicher nicht vorsätzlich schädigen und ist dazu von seiner Entwicklung her überhaupt noch nicht in der Lage. Es ist aber seiner Emotion regelrecht ausgeliefert.

Was ist denn nun mit der Bindung?

Das ganz kleine Kind entwickelt über Gestik und Mimik einen Dialog mit der Bezugsperson. Psychoanalytisch ausgedrückt entsteht die so genannte symbiotische Phase mit dem neugeborenen Kind.

Im systemischen Denken werden die Anfänge der so genannten dyadischen Kommunikation gesehen, in der Theorie der Verhaltens- und Lerntherapie die Matrix des Signal-Antwort-Lern-Prozesses.

Für eine gelungene Bindung ist die „Feinabstimmung" zwischen Bezugsperson und Kind besonders bedeutsam.

Die Bindungsforschung fordert eine adäquate Bedürfnisbefriedigung für das Entstehen des so genannten „Urvertrauens". Die Hauptbezugsperson reagiere mehr oder minder intuitiv gesteuert auf gesendete Signale des neugeborenen Kindes und des jungen Säuglings mit Schutz, Nahrung und Näheangebot.

Dazu ist natürlich die so genannte „harmonische" und gute Ausbalanciertheit der Mutter-Kind-Beziehung ideal, die aber auch gern überidealisiert wird. Eine Mutter als Hauptbezugsperson für ihr Kind hat immer eine eigene Lebensrealität, eine eigene Befindlichkeit und Lerngeschichte, Notwendigkeiten, unterschiedliche Tagesformen und kann deswegen manche Bedürfnisse des Kindes nicht sofort oder nicht so, wie es „wünschenswert" wäre, oder aus Überforderung heraus nicht erfüllen.

Die Basis für die „Feinabstimmung" ist bei einer Chaosprinzessin entsprechend instabil, die oft selbst in ihrer Selbsteinschätzung und Selbstüberwachung Probleme hat und Schwierigkeiten mit der bewussten Handlungsplanung, der immer „bewussten" Autorenschaft der Gedanken und Worte und dem Selbstbewusstsein im wahrsten Sinn des Wortes, ebenso wie mit der Selbstreflexion.

Je nach Kultur und natürlich auch Zeitgeist variiert außerdem in der Gesellschaft die Auffassung erheblich, wie die Bedürfnisse eines Kindes zu befriedigen seien. Es besteht in Nordamerika und Mitteleuropa ein Trend, dem Kind schon früh möglichst alles erdenklich Gute zukommen zu lassen, auf hohem Anspruchsniveau. Dies betrifft Ernährung, Ausstattung und natürlich auch Zuwendung durch die Hauptbezugsperson.

So wurde in den 70er-Jahren in Deutschland z. B. das Tragetuch als sehr förderlich erachtet, das in anderen Ländern vor allen Dingen zum Einsatz kommt, wenn die Frauen arbeiten müssen.

Erkennen, was das Baby braucht

Eltern wissen in der Regel, dass Babys schreien können, was sie in den ersten drei Monaten während der Phase der so genannten 3-Monats-Koliken abends auch mehr oder minder stark tun. Um dies zu lindern, gibt es Tipps, die Werbung weist darauf hin, dass es besonders Po-sanfte Windeln gibt usw. Es gibt natürlich auch Literatur über „Schreibabys", aber man muss wissen, dass man danach suchen muss.

Es gibt zu wenig Forschung darüber, dass die „beschuldigte", mangelhafte Feinabstimmung zwischen Mutter und Kind oft beobachtbar dadurch entsteht, dass das Baby, das eigentlich „wach" wirkt, nicht so deutlich signalisiert, was es wirklich braucht. Eine Mutter kann entweder erschöpft sein und/oder, wie beschrieben, mit ihrem Zeitfenster im Hier und Jetzt möglicherweise erst reagieren, wenn das Baby sich schon „eingeschrien" hat. Sie wird dann impulsiv, hoch besorgt und empathisch möglicherweise immer wieder anders reagieren, mit steigendem Erregungsniveau, um das Baby zu beruhigen. Sie wird es abzulenken versuchen, was vielleicht kurz auch wirkt – das Baby aber möglicherweise überreizt. Ihr steigendes Erregungsniveau spürt das Baby – die Abwärtsspirale beginnt.

Also geht es immer schief?

Das Baby kann sich nicht recht verständlich machen, die Mutter reagiert nicht „richtig", wachsende Verzweiflung auf beiden Seiten ist die Folge.

Solche schwierigen Babys werden als extrem auf die Mutter fixiert beschrieben, als reizoffen, in „taktiler" Abwehr, oft auch depressiv wirkend. Das werden sie auch, wenn eine solche Mama immer verzweifelter wird und ihrerseits nicht das bekommt, was sie braucht – freundliche, gelassene, direktive Anleitung ohne Interpretation für das richtige Handling ihres Babys nach dem Motto „watch, wait and wonder" (siehe Seite 68).

Wenn das Kind im zweiten Lebenshalbjahr vermehrt zum Akteur wird und im Rahmen seiner sensomotorischen Entwicklung immer mehr nachahmt, was ihm vorgemacht wird, und zunehmend etwas äußern kann, erhält es natürlich auch wachsendes Feedback darüber, was als richtig und gut und was als falsch und schlecht bewertet wird. Zunehmend kann es unterscheiden zwischen vertraut und neu, mit der Fähigkeit, sich abzuwenden und auch abzulehnen – unbewusst –, begleitet natürlich von der heranreifenden motorischen und geistig verarbeitenden Erkundung.

Auch solche Kinder können ab dem sechsten Lebensmonat immer deutlicher entdecken, dass sie mit ihrem Verhalten unterschiedliche Reaktionen beim Gegenüber auslösen. So wird z. B. der Blick gewendet oder das Kind hebt die Arme, um herausgenommen zu werden, oder das Kind wirft aktiv den Schnuller oder die Teeflasche weg, um Gegenstände wieder zurückzubekommen. Das Kind kann unter Umständen auch durch Schreien sein Tun bekräftigen und lernt recht schnell, wie darauf reagiert wird – bei dieser Disposition offensichtlich besonders gut.

Dadurch, dass die Eltern nun im wahrsten Sinne des Wortes in eine schwierige Situation „hineinrutschen" und sich oft durch die Heftigkeit beim regulationsgestörten Kind verunsichert und in zunehmendem Maß durch Schlafmangel auch erschöpft vorfinden, entstehen schnell Gefühle zunächst der Hilflosigkeit, aber dann auch leiser, latenter Aggression bis hin zur offenen Wut.

Möbelhaus, Kinderabteilung. Der Zweijährige brüllt wie am Spieß, gellend, jammernd, zunehmend schrill. Selbst andere Kinder im Kinderwagen schauen sich um. Die Mama des kleinen Jungen wollte ihn wieder in seinen Wagen setzen, aber er wollte mit dem gerade „ergatterten" Stofftier in den Krabbeltunnel. Und schon kommen die Kommentare, sogar von kleinen Kindern: „Ist der verrückt?", „Mami, der spinnt ja!" Eine Mutter zu ihrem Mann „Na ja, das ist ja eine Spätgebärende …"

Die Mama nimmt nun ihren Jungen entschieden unter den Arm und geht in die nächste Abteilung, etwas abseits. Bald ist Ruhe. Kommentar einer anderen Dame, die dies beobachtete: „Na, wenn man so rüde mit seinem Kind umgeht, muss es sich ja wehren!"

Das Kind tobt, die Umwelt reagiert fassungslos, die Mutter hat Schuldgefühle oder ist verunsichert – und gibt dem Kind nach. Sehr schnell führt das in einen Teufelskreis.

Beim Wahrnehmen der eigenen Wut, und verstärkt auch durch die Kommunikation mit dem Umfeld, entstehen ganz rasch auch heftige Schuldgefühle. Diese sind besonders groß bei der Chaosprinzessin, die danach möglicherweise sofort in ihrem verunsicherten und sehr empathischen Verhalten nachgiebig wird, was bei einem solchen Kind schon früh zu der Tendenz führen kann, alles immer wieder ausprobieren zu „müssen", mit tyrannisch anmutenden Verhaltensweisen.

Sich in der Zwickmühle befindend, auf der einen Seite mit dem Kind zurechtkommen zu wollen, seine Bedürfnisse befriedigen zu wollen, aber auch keinen Ärger mit dem Umfeld zu bekommen und vor allen Dingen nicht aufzufallen, reagieren Eltern nun, je nach eigener Erfahrung/Kompetenz, unterschiedlich, auch mit Rückzug.

Die Bindungstypen

In der Bindungsforschung wird eine so genannte sichere Bindungsstruktur beschrieben, wenn das Kind klare Rückmeldungen erfährt, was sein Verhalten beim Gegenüber auslöst, so z. B. auch, dass nicht jedes Spiel in jeder Form immer wieder mitgemacht wird.

Der unsicher vermeidende Bindungstyp

In der unsicher vermeidenden Bindungssituation (mit Typ A bezeichnet) erscheine die Mutter z. B. passiv, sie sei infolge eigener schwieriger Erfahrungen oder depressiver Verstimmungen gehemmt, entsprechend zurückzumelden. Wenn eine Mutter dann wenig oder nicht reagiere und nicht signalisiere, wo bei ihr eine Grenze verletzt werde, wirke sie für das Kind emotional unerreichbar und später könne das Kind dann irritiert oder recht heftig, bis hin zu kalter Wut, aber auch mit Resignation, reagieren. Der Machtkampf zwischen den beiden wirke eher still und verbissen, mit dem Kind in einer eher „passiven" Täterposition.

Der unsicher ängstliche Bindungstyp

In der unsicher ängstlichen Bindungsstruktur habe die Mutter wegen aller möglichen Schuldgefühle Hemmungen, ihre Angst- und Unlustgefühle zu transportieren. Entsprechend könne dann natürlich gerade ein expansives Kind heftig reagieren, z. B. auch als kleiner Satansbraten.

Der chaotisch desorganisierte Bindungstyp

Beim chaotisch desorganisierten Bindungstyp sei die Mutter nicht in der Lage, die entsprechenden Signale des Kindes richtig wahrzunehmen und zu definieren. Problematisch ist, dass genau auf diesen Bindungstyp fast verächtlich herabgesehen wird und man lieber psychodynamisch mutmaßt, dass möglicherweise bei dieser vollständigen Verkennung der emotionalen Bedürfnisse des Kindes z. B. der Ursprung für Perversionen zu suchen sei.

Genau hier müsste allerdings viel mehr Sorgfalt in der Beobachtung ansetzen, mit weniger Hypothetisierung eines z. B. psychotischen Geschehens bei der Mutter, die möglicherweise nur einfach „syndromtypische" große Schwierigkeiten hat.

In der wichtigen Entwicklungsphase des zweiten Lebensjahres, der des aktiven Experimentierens und Explorierens, erweitert ein Kind Tag für Tag seine Kompetenzen und seinen Aktionsradius. Das Kind erfährt über die Bezugspersonen ein mehr oder weniger schwingendes und flexibles Gleichgewicht zwischen Nähe und der Erlaubnis, sich entfernen zu dürfen und zu erkunden, die Bewertung, ob etwas gut oder böse ist, erlaubt oder nicht erlaubt, in Ordnung – oder gefährlich!

Das Kind erfährt auch immer mehr, dass es mit seinem Umfeld nicht nur in der 1:1-Situation zu tun hat, sondern auch mit den Eltern als Paar. Die so genannte Triadenkommunikation entsteht.

Eltern werden am Ende des zweiten Lebensjahres auf eine harte Probe gestellt. „Haben!" ist ein neues Wort, der Wunsch, sofort etwas zu wollen, wird schnell mit Kreischen untermalt – die Eltern müssen sich schon jetzt sehr einig sein, welche Regeln gelten (z. B. Essen nur am Platz mit Latz!).

Das Kind soll nun soziale Spielregeln lernen und immer „bewusster" sein Verhaltensrepertoire modulieren können, was natürlich in dem frühen Alter noch stark emotionsgetrieben erfolgt. Vorsätzliche Aggression in der Erwachsenenform ist dem Kind sicher nicht möglich. So wird es aber oft bei den expansiv gestörten Kindern empfunden, die z. B. heftig mit scheinbar „negativer Kontaktaufnahme" an andere Kinder herangehen. Dies ist natürlich einer Mutter und auch einem Vater unangenehm. Entsprechend beginnen Reaktionen und Wertungen (v. a. bei mangelnder Kenntnis der Basissymptomatik von ADHS) und die „Abwärtsspirale" beginnt (vgl. Neuhaus 1996/99).

Je früher bei den Eltern Wissen und Verständnis vorhanden sind, Sicherheit entsteht im Umgang mit dem Kind, sich ggf. der selbstbetroffene Elternteil selbst kennen lernt, Unterstützung erhält zur verbesserten Selbstorganisation, zur Zeitorganisation, zur Verbesserung der Kommunikation, desto sicherer gelingt über positive Beziehungsgestaltung die sichere Bindung.

Leider werden aber die Eltern oft auch von fachlicher Seite verunsichert. So wird immer wieder nahe gelegt, dass ein Kind durch „falsche“ Anregungen und Anforderungen in der Erziehung und Sozialisation auch auf hirnorganischer Basis früh traumatisiert werde, da die Hirnentwicklung natürlich ein durch Umfeldbedingungen störbarer Prozess ist. Vor allem wird auf den schädlichen „Verlust der Mutter“ hingewiesen, der viel unspezifische Erregung in den emotionalen Zentren des Gehirns des Kleinkinds erzeugt (Hüther 2002), was aber nicht gleichzusetzen ist mit dem geplanten Übergeben eines Kindes von einer vertrauten Bezugsperson zur anderen!

In gewaltigen, mit neurobiologischen Aspekten gespickten Aufsätzen wird drohend vor den ungeheuer beeinträchtigenden Auswirkungen des früh traumatisierten Kindes gewarnt, das kein Urvertrauen mehr hat – um es möglichst früh einer entsprechenden Psychotherapie zuzuführen und um sich auch den Schuldgefühlen der Eltern „anzunehmen“.

Genau betrachtet bekommen jedoch regulationsgestörte Kinder, die später hoch impulsiv und vielleicht auch unruhig sind, sehr viel Aufmerksamkeit und Zuwendung, oft mehr als Eltern schadlos erübrigen können. Diese Kinder profitieren nur überhaupt nicht davon, dass man sie „liebevoll gewähren lässt“, ihre Eltern alleine lässt mit einem Vorwurf an die „alles offen lassende heutige Gesellschaft“ und sie vor „Dressur“ warnt, wie dies ebenfalls in solchen Aufsätzen zu lesen ist.

Das dritte Lebensjahr

Es wird nicht leichter im dritten Lebensjahr. Nach wie vor hat das Kind ein intensives Aktivitätsbedürfnis und testet nun seine Grenzen aus. Auf Frustrationen reagiert es dabei heftig …

Die Entstehung der Moral

Das Kind probiert nun zunehmend bewusst aus, wie weit es gehen kann, und entwickelt ein Bewusstsein von „gut" und „böse".

Im dritten Lebensjahr entwickelt sich ein „Bewusstsein" von gut und böse, in Form von „Moral". Das bewusste Austesten, wie weit man gehen kann, entsteht nun ganz allmählich und ist hier mit Aggression im wahrsten Sinne des Wortes verbunden. Je expansiver und experimentierfreudiger ein Kind ist und natürlich auch je intelligenter, desto früher, schneller und auch gewitzter wird es ausprobieren. Es wird versuchen, das, was es will, im „Hyperfokus" aktiv zu tun (oder später auch fragend, was wohl passiert, wenn es so reagiert).

Dieses Ausprobieren wird oft als böswillig fehlinterpretiert. Meist wird heftig gegenreagiert, statt dass überlegt wird, was tatsächlich dahinter steckte.

Dieses Austesten, mit massivem Einsatz des eigenen Willens, führt dann zum typischen „Trotzen".

„Wir haben einen Sohn, der bald vier Jahre alt wird. Er war schon immer sehr aktiv, bekam mit zehn Monaten heftigste Wutanfälle, wenn etwas nicht geklappt hat. Als er aktiver wurde, war vor ihm nichts mehr sicher. Auf ein „Nein" reagierte er nicht, Schimpfen half ebenso wenig.

Kurzfristig gab es eine Besserung, als er zu sprechen begann, aber dann fing er an zu trotzen, schmiss sich vor Wut auf den Boden. An sich ist er freundlich und aufgeweckt, hat auch keine Berührungsängste, sein Erinnerungsvermögen ist oft verblüffend. Aber das größte Problem ist, dass er überhaupt nicht hören will und immer Unsinn im Kopf hat.

Wir haben es mit Reden, Erklären, Schimpfen und allem möglichen anderen versucht, nichts hat geholfen. Man kann ihn nicht lange ohne Aufsicht allein lassen, er ist sehr anstrengend, auch für alle anderen. Immer heißt es sofort, Sie können Ihr Kind nicht erziehen, Sie sind nicht streng genug, lassen alles durchgehen. Ehrlich gesagt, kann ich das Gerede und die gut gemeinten Ratschläge einfach nicht mehr hören. Und ich muss auch zugeben, dass unsere Ehe inzwischen darunter leidet."

Handeln statt reden

Diese Mutter drückt aus, was die Eltern solcher Kinder kennen. Es wird mit viel appellisierendem Moralisieren, Schimpfen, Wehren, Strafen versucht, dem gezeigten Verhalten entgegenzuwirken, statt *früh* einzugreifen mit *deutlichen* Signalen, *raschem* Setzen einer Grenze, wenn es nötig ist. Nun sind, je nach den eigenen Möglichkeiten, Eltern solcher Kinder durch die eigene Beschäftigung eingebunden, verpassen es, rechtzeitig oder intuitiv sinnvoll einzuschreiten, weil sie z. B. denken, dass sie das Kind einengen könnten. Regeln und Strukturen sind verpönt in der modernen Pädagogik. Viele Eltern trauen sich nicht, bestimmt aufzutreten, während manche Eltern das kindliche Handeln als vorsätzlich feindselig interpretieren und das Kind dann nicht sinnvoll, sondern falsch, oft hart, bestrafen.

Appellieren, Moralisieren, Erklären nutzen gar nichts – kurz und deutlich Grenzen setzen, das ist das Einzige, was hilft.

> Frühe Kenntnisse über die Tatsache, dass es so einen Kindertyp gibt, der schon in ganz jungem Alter zwar eigentlich will, aber einfach nicht so wollen kann, wie er wollen soll, hilft auf jeden Fall dazu, Schlimmstes zu verhindern.

Wesentlich ist, sich nicht verunsichern zu lassen von den verschiedensten Meinungen, z. B. dass an allen kindlichen Problemen die Eltern Schuld seien, dass bei ADHS keinesfalls immer die gleiche Psychodynamik zugrunde liege oder auch nur eine ähnliche, dass bei allen psychischen Erkrankungen die unterschiedlichsten Entwicklungen zu ähnlichen Krankheitsbildern und identischen Symptomen führen könnten (vgl. Hopf 2001).

Es ist auch keinesfalls so, dass das Verhalten eines Kindes in keiner Form vorhersehbar ist und es unendlich viele Variationsmöglichkeiten innerhalb der einzelnen Systeme gibt (dem biologischen und körperlichen System, dem System aus Bewegung, dem affektlogischen System, das Verhalten und Handlung leitet, dem sozialen System) oder dass in den Aktionen der Systeme untereinander „multiverse" Möglichkeiten ausgelöst werden (das heißt unendlich viele). Das Problem eines solchen Kindes ist sicher nicht schon Lösung, wie im systemischen Denken eingefordert wird. Natürlich kann jedoch eine Veränderung der Umfeldbedingungen helfen, wenn sie an den biologischen Basisbedingungen orientiert ist.

Voraussetzung für die Hilfestellung ist, dass die Eltern in ihren Berichten angehört und ernst genommen werden müssen, ohne vorschnelle Interpretationen oder vorschnelle Beschwichtigungsversuche („Alle Kinder sind lebhaft, quengelig, schreien usw."), bis hin zur Mutmaßung einiger Pädagogen, dass 25 Prozent aller Kinder hyperaktiv seien.

Das Problem des hyperaktiven Kleinkindes

Das Kind ist immer noch nicht in der Lage, „automatisch" sein Verhalten zu regulieren, und muss immer wieder die gleichen Erfahrungen machen.

Gerade beim hyperaktiven Kleinkind ist es tatsächlich so, dass es eigentlich nie genügend Raum für es gibt, genügend Beschäftigung, genügend Akzeptanz, da es z. B. eben einfach laut ist. Sein Problem ist nicht nur die Unruhe, sondern vor allen Dingen die Hypersensibilität und die Tendenz zur Hyperfokussierung, die mangelhafte Fähigkeit, allmählich eine „automatische Verhaltenskontrolle" zu entwickeln.

Bei dem, jetzt etwas älteren, „Regulationsstörungstyp III" bleibt der Affekt ungebremst. Das Kind folgt weiterhin der „Spontanidee" des Gehirns, der Arbeitsspeicher bleibt zu klein, ein Lernen aus Erfahrung erfolgt nur, wenn die Erfahrung wirklich heftig war. Die so genannte Wahrnehmungsinterpretation (sinnerfassend und bedeutungsstiftend) gestaltet sich problematisch. Eigentlich muss ein solches Kind immer wieder wiederholen dürfen, und man muss sich darauf einstellen, dass es das an sich auch will – das aber heftig.

Lydia ist zweieinhalb und möchte unbedingt Tee kochen. Sie steigt auf den Küchentisch, holt die Tasse aus dem Oberschrank – ihre Mutter will das nicht.

Wenn die Mutter das Kind nicht wirklich entschieden von der Situation wegholt und ihm etwas gibt, was es auch faszinierend findet, wird Lydia sofort wieder zu dieser Tätigkeit zurückkehren, und sie tut dies auch.

Diese Kinder haben das Problem, dass sie nicht richtig hinhorchen *können*, wenn sie etwas nicht interessiert, und auch nicht richtig hinschauen. Überall und lang anhaltend „gucken" sie auch mit den Händen, platzen dazwischen, wenn es ihnen wichtig ist, können nicht stillsitzen und sind nur bei höchstem Eigeninteresse wirklich präsent, eingeschaltet und wach. Wenn ein Kind so ist, weiß spätestens ab dem Kindergartenalter jeder, dass das ein sehr schwieriges und störendes Kind ist.

Dennoch – und das ist ganz sicher die gute Botschaft – haben viele dieser anstrengenden Kinder trotz allem eine recht sichere Bindung in der Primärfamilie – vielleicht, weil sie bei ihrem Wahrnehmungsstil auch einfach nicht nachtragend sind und ihre Eltern ja auch nicht!

Im Umfeld und natürlich auch im Kindergarten will mit der Zeit keiner mehr das Kind hüten. Speziell in den Familien, in denen so ein Kind als erstes Kind heranwächst, wird ganz schnell die Idee geboren, dass ja alles nur mit dem neu angekommenen Geschwisterchen zusammenhängen könne, da erst seit dieser Zeit das Problem so richtig offenkundig sei.

Die Kinder empfinden sich dann durch die ständigen Vorhaltungen, die Kritik und die Schimpferei in der Rolle eines „falschen" Kindes, das sich immer unerwünscht, häufig leider auch nicht geliebt, fühlt.

Selbst wenig zurückhaltend, reagiert das Kind hypersensibel auf das Verhalten anderer.

In der Kleinkindphase sieht das Kind, wie alle anderen Kinder auch, alles aus seiner Perspektive und kann natürlich nicht vorwegnehmen, was auf seine Handlungen hin erfolgen wird. Es hat das Gefühl, alles so machen zu können wie sein Gegenüber. Es lernt durch die spezielle Rückkoppelung des Umfelds aber ganz sicher das Falsche. Das spannend empfundene Verhalten wird sofort registriert, umgesetzt. Es versteht nicht, warum es das nicht darf, und reagiert aggressiv. Oder es produziert Verhaltensweisen, für die es früher einmal positiv verstärkt wurde, z. B. wenn es gekaspert hat. Und das soll jetzt falsch sein? Es benennt, was es sieht, klar und deutlich (und leider oft wahr), haut feste hin, wenn es sich aus seiner Sicht geärgert fühlt, ist ja hypersensibel auf der aufnehmenden Ebene und leicht reizbar. Folgerichtig kann es die Gefühle anderer gar nicht richtig wahrnehmen (es sei denn, es ist ein Gefühl, das es sehr beeindruckt, wie z. B. echter Schmerz oder Not eines anderen).

Die Abwärtsspirale beginnt schon früh im Leben

Wenn die Diagnose früh gestellt wird, kann allen Beteiligten nachhaltig geholfen werden. Viel Verzweiflung bleibt dann erspart.

So beginnt das Kind zu vermeiden, was es nicht kann, z. B. die fein- und graphomotorische Umsetzung. Es liebt es, zu toben, findet aber kein Ende, ist nach immer ähnlichen Auseinandersetzungen früh schon völlig irritiert, missmutig, traurig oder verstockt, wenn andere eigentlich fröhlich lachen. Für das Umfeld wirkt es dann sehr irritierend, dass das Kind spontan aber immer wieder plötzlich sehr kreativ und intuitiv erfassend sein kann, fröhlich im Hier und Jetzt, ins Kasprig-Alberne kippend, wenn entsprechend positives Feedback kam.

Eine ausreichend frühe Diagnosestellung und gezielte Intervention in der Familie sind daher dringlich wünschenswert, mit sorgfältiger Verhaltensbeobachtung des Babys/Kleinstkindes allein und in der Interaktion mit Mama/Papa. Sorgfältige medizinische und psychosoziale Abklärung ist nötig, ebenso eine Einschätzung des Entwicklungsstandes und gezielte Hilfe zur Balance der Unterstützung, der Grenzsetzung durch Veränderung der Einstellung und der Umfeldbedingungen zur Reduktion des ständigen, immer heftigeren Nein-Sagens und Schimpfens.

So kann man es schaffen!

Einschätzbarkeit, liebevolle Zugewandtheit, Konsequenz – das hat oberste Priorität beim Umgang mit dem Kind.

Was braucht ein ganz junges Kind mit ADHS wirklich? Grundsätzlich gilt: genau das Gleiche, was das Schulkind und der Jugendliche braucht. Und das ist Einschätzbarkeit der Bezugspersonen, die mit liebevoller Sturheit und freundlich-gelassener, direkter Konsequenz lenken und leiten – und damit schützen. Das, was dem Kind schwer fällt, muss man mit ihm üben, und dies häufig, bis es etwas wirklich stabil verautomatisiert hat.

Völlig zu vermeiden ist ein zu frühes Appellieren an Einsicht, Rücksicht, Übersicht, Nachsicht und Vorsicht, dafür aber ist schnell und rechtzeitig für „Schadensbegrenzung" zu sorgen! Will das Kind etwas, sitzt es wie auf einer „Willensschiene" und kann nicht anhalten! Oder – es verblüfft durch seine Leistung!

Der zweieinhalbjährige Tim nestelt so lange an dem Schlüssel herum, bis das Schloss aufgeht.

Normalerweise isst die 19 Monate alte „junge Dame" wie ein Schweinchen – aber als es ihre Lieblingsspeise, provençalisches Omelett, gibt, benutzt sie fast elegant wirkend die Gabel und isst sauber!

Etwas, was für ein solches Kind wichtig ist, wird im „Hyperfokus" sofort extrem bedeutsam.

Gerade das sehr junge Kind profitiert von klaren Stopp-Signalen nach vorheriger Ankündigung und z. B. dem Zählen auf 3, wenn es etwas tun soll, wozu es keine Lust hat, und Widerstand zeigt.

Manchmal muss man auch laut werden – aber ohne „Kanonade" – „Haaa-llooo!" Klingt die Stimme erst etwas höher, dann tiefer, löst dies eine Orientierungsreaktion aus.

Aber: Hat ein Kind dieses Typus wirklich etwas vor oder will etwas unbedingt haben, muss man akzeptieren, dass verbale „Fernsteuerung" nicht hilft. Die Schublade muss konsequent und immer wieder zugehalten oder zugemacht werden oder der ersehnte Gegenstand entfernt – oder das Kind vom Gegenstand, und zwar nachhaltig. „Grenzen" setzt der Laufstall, das Türgitter (auch wenn zwei übereinander angebracht werden müssen), die Sicherung der Fenster, der Unterschränke, das „Geschirrchen" im Kinderwagen, im Hochstuhl, im Straßenverkehr.

Manche Prozeduren müssen sein. Dazu gehören Haarewaschen, Nägelschneiden, später Zähneputzen.

Alle „langweiligen" Prozeduren sind „doof" – das Gebrüll kann auch jammernd sein. Nicht weich werden – sonst wird immer mehr gebrüllt – zum Steinerweichen!

„Es war schrecklich, aber irgendwie musste ich wohl mal wieder die Ebenen klären. Jetzt ist sie 18 Monate und wollte einfach überhaupt

nicht, dass ich ihr die Fingernägel schneide. Zum Schluss gab es einen richtigen Ringkampf, der fast eine Stunde dauerte. Aber dann haben wir gleich miteinander geschmust und ich habe sie getröstet, und dann war nicht nur alles wieder gut, sondern sie war diesen Tag über sogar ganz prima."

Diese Mama weiß Bescheid, auch, dass so etwas natürlich keine Festhaltetherapie ist, sondern kurzes Fixieren nach Ankündigung und konsequentes Durchziehen – was eine eindeutige Orientierung beim Kind bewirkt, eine sichere Bindung. Genau das klappt ja auch gut im Kinderrückhaltesystem im Auto, oder?

Eine Auszeit hilft beim „Ent-Ärgern".

Weniger reden hilft dem Kleinkind genauso wie dem Schulkind. Es profitiert bei hoch schießendem Erregungsniveau ab etwa zweieinhalb bis drei Jahren sehr von der „Auszeit" im Kinderzimmer, in das es verbracht wird, um „sich zu entärgern". Dabei steht Mama oder Papa jenseits der Kinderzimmertür, die niemals abgeschlossen, aber kurz zugehalten werden darf, bis es im Zimmer wieder ruhig ist.

Dann wird zur Tagesordnung übergegangen. Das Kind darf wieder herauskommen. Keinesfalls darf man auch nur den Versuch einer verbalen Aufarbeitung der vorherigen Situation machen! Neuer Augenblick – neues Glück!

Die richtige Form der Kommunikation

Natürlich ist Blickkontakt bei jeder Kommunikation und dem Erteilen von Aufforderungen nötig. Aber gerade der reizoffene und später hyperaktive Kindertyp ist eigentlich immer unterwegs. Und in der Krise wirkt Blickkontakt leider in negativer Form verstärkend für die Erregung auf der Seite des Kindes und der Bezugsperson – also: Wenn's richtig ernst wird, Blickkontakt weg, Stimme senken!

Nun ist auch nonverbale Kommunikation nötig. Den Spatz kann man ja noch gut „transportieren", und daher ist „Eingreifen" im wahrsten Sinne des Wortes angesagt. Aber immer mit „Balougefühl" und, wenn es ernst wird, tiefer Stimme, ein bisschen brummelnd (vgl. Neuhaus 1996). So kann man das Kind im Notfall wie einen „Sack nasser Nüsse" an einen anderen Platz verfrachten.

Gerade Eltern mit ADHS haben im Ernstfall erstaunliche Ressourcen:

Der neun Monate alte Marcel ist auf den Schreibtisch gekrabbelt und sitzt strahlend auf dem Fensterbrett des offenen Fensters im zweiten Stock, als Mama telefoniert – jetzt komplett „hoch aktiviert" und für sie selbst überraschend „cool", kann die Mama ruhig auf das Kind zugehen und es freundlich in den Arm nehmen – danach allerdings bricht sie heulend zusammen.

Konsequenz hilft!

Immer wieder die gleiche Maßnahme durchziehen, bis das Kind begriffen hat, was geht und was nicht.

Wenn ein Kind mit zweieinhalb Jahren sich im Kindersitz immer wieder abschnallt, müssen Eltern den Mut haben, sobald es hinten klickt, immer wieder anzuhalten und das Kind erneut anzuschnallen, bis es diese Regel „intus" hat. Notfalls wird der nächste Schutzpolizist angesteuert, der dem Kind mit freundlich-strenger Miene sagt, dass das eben einfach sein muss.

Und wenn man bemerkt, dass bei dem über einjährigen Kind das häufige nächtliche Schreien weniger verzweifelt als zunehmend tyrannisch klingt, braucht man den Mut und die Kraft, mit dem Kind nun tatsächlich nach der Ferber-Methode schlafen zu lernen. Man muss dieses Training dann aber durchziehen und sich selbst in der nervenaufreibenden Zeit gut mit Ablenkung und gezielter Unterstützung versorgen, mit Mobilisierung der „todesmutigen Entschlusskraft". Dem Kind wird freundlich gesagt, dass man da ist, und man versichert auch bei anhaltendem Schreien durch kurzes Hineingehen in den Raum seine Präsenz – aber ohne Hochnehmen, Reden usw. Denn schon früh merken gerade diese Kinder, vor allem die sehr pfiffigen, dass sie nur ordentlich brüllen müssen, um ihren Willen zu bekommen.

„Das weiß ich noch sehr gut, mir ging's wie meinem Sohn … Ich wusste wohl schon mit zwei Jahren, dass ich das bei meinem Papa hinbekomme. Erst hab ich es mit ‚Hühnchenblick' versucht, dann mit Brüllen. Bei meinem Dreijährigen hab ich's jetzt geschafft – nach einer Stunde Schreien wurde er still. Ich musste aufs Klo, kam an seinem

Zimmer vorbei. Er saß im Bett und meinte: ‚Mama, jetzt bin ich heiser.'"

Will man das Schlafen „etablieren", ist es v. a. dringlich nötig, nicht noch ein langes sprachliches „Abschiedsritual" einzuführen, wie z. B. allen möglichen Dingen „Gute Nacht" zu sagen, mit dem Kind herumzulaufen usw. – das zieht das Erregungsniveau des Kindes nur wieder hoch.

Schlafen kann man „lernen".

Bei scheinbar „provozierendem" Lächeln beim aktiven explorierenden Experimentieren mit Regelüberschreitung sollte nicht „anfeuernd" zurückgelächelt werden, sondern evtl. mit Wegnehmen des Blickkontakts und kurzer, knapper Rückkopplung.

Entlastung tut Not!

Eltern solcher aktiver Kleinstkinder müssen sich dringend gegenseitig entlasten. Die langjährige Erfahrung zeigt, dass ein solches Kind in der 1:1-Situation viel leichter zu handhaben ist als in einer Gruppe. Und in dieser 1:1-Situation mit wenigen, aber konstanten Bezugspersonen (beim sehr jungen Kind kann das z. B. auch ein zwölfjähriges Mädchen aus der Nachbarschaft sein, ein Großvater, ein Gemeindehelfer, damit z. B. die allein erziehende Mutter eine Pause bekommt), sollte das Kind gelenkt beschäftigt werden, vorzugsweise auch an der frischen Luft.

Manche dieser Kinder sind „Beißer" – hier hilft nur zurückbeißen. Man muss auf alles gefasst sein!

Dort wird es „7 Pfund Dreck" essen, auch vollbekleidet in ein kleines Schwimmbad steigen, 1000 Einfälle haben, man sollte darauf gefasst sein.

Wichtig: Medienkonsum begrenzen!

Deutlich zu begrenzen ist der Medienkonsum sowie das Aufsuchen bereizter Plätze. Dies ist aber nicht mit der Empfehlung verbunden, mit dem Kind nun immer im vertrauten Umfeld bleiben zu müssen (was ein selbstbetroffener Elternteil auch gar nicht schaffen würde), sondern nur mit der Empfehlung, sich darauf gefasst zu machen, dass das Kind schnell überfordert reagieren kann, und sich darauf einzustellen, dass, wenn eine Situation für Eltern schwierig ist, sie es auch für das Kind sein wird.

Alles, was allgemein über Babys und Kleinstkinder geschrieben wird, gilt für diese Kinder nicht!

Was diese Kinder brauchen

Das Schmusetuch, der Bär, oder was sonst als ständiger Begleiter gewählt wurde, ist gerade für solche Kinder unverzichtbar nötig, fast „heilig" – und muss überall mit hin, sonst geht z. B. Schlafen nicht!

Eltern solcher Kinder wird dringlich angeraten, sich möglichst früh kundig zu machen und sich mit anderen Eltern, die auch solche Kinder haben, zu verständigen, um zu erkennen, dass auch andere Kinder schon früh „Sturköpfe" sind, pflegeschwierig und vor allem immer heftigst auf Hektik oder plötzliche Veränderungen reagieren, mit „Bocken", d. h. Blockiertsein.

Diese Kinder haben für „Langweiliges" nie Zeit, die Sauberkeitserziehung wird Konsequenz und Durchhaltevermögen erfordern.

Diese Kinder brauchen Eltern und Helfer, die vor allen Dingen keine Angst vor ihnen haben, und keine Leute, die immer wissen, wer „Schuld" hat.

Die Kinder vertragen es nicht, wenn sie schnell machen sollen, aber schnell verschwindet Mamas Uhr in der Waschmaschine, hat die Hand die offene Cremetube ausgedrückt.

Die Eltern brauchen Mut, auch einmal eine Grenze zu setzen, ein sehr früh aktives Kind auch im Kinderwagen oder ihm Hochstuhl „anzuleinen", nur auf echtes „Wehgeschrei" zu reagieren und nicht auf alles Schreien, und Mut dazu, zu akzeptieren, dass alles, was so „allgemein" über Babys geschrieben wird, für diese Kinder nicht gilt.

Die Eltern müssen akzeptieren, dass solche Kinder, auch wenn sie erst ab dem Laufenlernen auffallen, typischerweise in der Krabbelgruppe nicht einfach sind, andere schubsen, hauen oder sich liebevollst auf andere schmeißen, zunächst keine Reaktion auf Verbote zeigen, immer Geräusche machen, lange alles in den Mund nehmen und oft auch hier impulsiv zubeißen.

> Diese Kinder brauchen die magischen drei „G" – so viel *Gleichmäßigkeit* wie möglich, so viel *Geduld* wie möglich, so viel *Gelassenheit* wie möglich.

Und: Positiv betrachtet erfährt man als Erwachsener eine intensive Wahrnehmungs- und Reaktionsschulung, wird selbst schneller und sicherer, dadurch, dass man ständig „auf dem Sprung" sein muss.

Worauf zu achten ist

Frühdiagnostik und Frühtherapie beobachtbarer zusätzlicher Entwicklungsstörungen außerhalb der Regulationsstörungen sind wichtig und verhindern schlimme spätere Probleme, nicht nur in der Interaktion, sondern auch mit dem Selbstwertgefühl.

Besonders ab dem dritten Lebensjahr ist das Entstehen von oppositionellen Trotzverhaltensmustern oder Anzeichen einer dissozialen Störung mit frühem Beginn zu beachten, mit möglichst früher Gegensteuerung, nicht zuletzt, wenn in der Vorgeschichte Hinweise aus der Familie gegeben sind, was speziell für Adoptivkinder gilt.

Helfende Ansätze müssen entwicklungsrehabilitativ und grundsätzlich zunächst unter verhaltenstherapeutischen Prämissen erfolgen, gegebenenfalls mit flankierenden Maßnahmen für den selbstbetroffenen Elternteil (oder beide).

Je früher die Besonderheit erkannt wird, je früher die Bezugspersonen mit richtiger Hilfestellung versehen werden, desto früher ist die Gefahr der Entgleisung in Sekundärerkrankungen gebannt.

Leider ist die sozial-medizinische Relevanz der ADHS-Struktur noch viel zu wenig bekannt, denn ein frühes Intervenieren wäre nicht nur Leid ersparend für die Familie, sondern auch volkswirtschaftlich Kosten sparend. Ein merkwürdiger Aspekt? Möglich – aber tatsächlich relevant, da ganz viele Kinder mit schweren Spätfolgen von ADHS zunehmend ausgegrenzt werden.

So braucht man sicherlich kein ganzes Dorf, um so ein Kind groß und glücklich zu bekommen, sondern ein kompetentes Netzwerk von vorurteilsfreien Menschen, die bereit sind, sich kundig zu machen über ganz kleine Kinder, die auffallend früh regelrechte „Nestflüchter“ zu sein scheinen, aber sich später im Leben häufig als „Nesthocker“ entpuppen können.

> Aber: Diese Kinder sind nicht nur schwierig, sondern ungeheuer spannend und herzerfrischend!

Anhang

Literaturverzeichnis

Leitlinien zu Diagnostik und Therapie von psychischen Störungen im Säuglings-, Kindes- und Jugendalter. Hrsg.: Deutsche Gesellschaft für Kinder- und Jugendpsychiatrie und Psychotherapie, Bundesarbeitsgemeinschaft leitender Klinikärzte für Kinder- und Jugendpsychiatrie und Psychotherapie, Berufsverband der Ärzte für Kinder- und Jugendpsychiatrie und Psychotherapie. 2000

Affolter, Félicie D.: Wahrnehmung, Wirklichkeit und Sprache. Neckar-Verlag, 1987

Barkley, R. A.: Taking Charge of ADHD. The Guilford Press, 2000; übersetzt: Das große ADHS-Handbuch für Eltern. Verantwortung übernehmen für Kinder mit Aufmerksamkeitsstörungen und Hyperaktivität. Hans Huber, 2000

Bischof-Köhler, D.: Kinder auf Zeitreise. Theory of mind. Zeitverständnis und Handlungsorganisation. Hans Huber, 2000

Bovensiepen, G. / Hopf, H. / Molitor, G.: Unruhige und unaufmerksame Kinder. Psychoanalyse des hyperkinetischen Syndroms. Grandes & Apsel, 2002

Brett, S.: Wie ich meinen Eltern den letzten Nerv raubte. Enthüllungen eines Säuglings. Droemer/Knaur, 1994

Caspi, A. / Begg, D. / Dickson, N. / Harrington, H. / Langley, H. / Moffitt, J. / Silva, T. E.: Personality differences predict health-risk behaviors in young adulthood: Evidence from a longitudinal study. Journal of Personality and Social Psychology, 1997

Caspi, A. / Edler, G. H. / Bem, D. J.: Moving against the world: Life-course patterns of explosive children. Developmental Psychology, 1987

Eggers, C.: Entwicklungspsychologische Aspekte aggressiven Verhaltens. Beitrag zum XXVII. Kongress der Deutschen Gesellschaft für Kinder- und Jugendpsychiatrie und Psychotherapie. Berlin, 2002

Elkind, D.: Das gehetzte Kind. Werden unsere Kinder zu schnell groß? Kabel, 2000

Fries, M.: Unser Baby schreit Tag und Nacht. Hilfen für erschöpfte Eltern. Ernst Reinhardt 2002

Friese A. / Friese H. J.: Aufregen hilft nicht, Mama! Wie Eltern die großen Probleme ihrer Kinder besser verstehen und helfen können. Herder, 1995

Goldstein, S. / Ellison, A.: On the Cutting Edge – ADHD in Adulthood. In: Attention, Oct. 2002

Harris, J. R.: The Nurture Assumption: Why Children Turn Out the Way they Do. The Free Press, 1998; übersetzt: Ist Erziehung sinnlos? Die Ohnmacht der Eltern. Rowohlt, 2000

Hüther, G. / Bonney, H.: Neues vom Zappelphilipp. ADS: verstehen, vorbeugen und behandeln. Walter, 2002

Huss, M.: Medikamente und ADS. Gezielt einsetzen – umfassend begleiten – planvoll absetzen. Urania, 2002

Jani, H.: Der Automatiker. In: Bovensiepen et al. (siehe oben), 2002

Kast-Zahn, A. / Morgenroth, H.: Jedes Kind kann schlafen lernen. ObersteBrink, 1997

Krause, J. / Krause, K. H.: ADHS im Erwachsenenalter. Die Aufmerksamkeitsdefizit/Hyperaktivitätsstörung im Erwachsenenalter. Schattauer, 2003.

Macoby, E. E. / Martin, J. A.: Socialization in the context of the family: Parents-Child-Interaction. In: Mussen & Hetherington: Handbook of child psychology, Vol. 4, p 1–101, New York, Wiley, 1983

Nadeau, K.: Diagnosing and Treating women with ADHD. In: Attention, Oct. 2002

Neuhaus, C.: Das hyperaktive Kind und seine Probleme. Urania, 2002

Neuhaus, C.: Hyperaktive Jugendliche und ihre Probleme. Urania, 2000

Ratey, J. J. / Johnson, C.: Shadow syndromes. Pantheon Books, 1997; übersetzt: Das Schattensyndrom. Klett-Cotta, 1997

Richter, E.: Eltern, Kind, Neurose. Rowohlt, 1966

Quinn, P. O.: Special Issues for Women with ADHD: Hormonal Fluctuations and Mood Disorders. In: Attention, Oct. 2002

Solden, S.: Die Chaosprinzessin, Frauen zwischen Talent und Misserfolg. Bundesverband Elterninitiativen zur Förderung hyperaktiver Kinder e. V., Forchheim, 1999

Spitzer, M.: Motivation, Belohnungssystem und Blickkontakt. In: Lernen. Gehirnforschung und die Schule des Lebens. Spektrum Akademischer Verlag, 2002

Tittmann, E.: Kinder mit einem Aufmerksamkeitsdefizitsyndrom mit Hyperaktivität schaffen sich ihr pathogenes Umfeld selbst. Eine Pilotstudie zur empirischen Untersuchung der Interaktionsmuster hyperaktiver Kinder im Vorschulalter mit Hilfe dreier diagnostischer Verfahrensgruppen (Anamnese; Eltern- bzw. Erzieherfragebogen, Interaktionsbeobachtung). Diplomarbeit an der Universität Tübingen, 1993

Trott, Götz E.: Das hyperkinetische Syndrom und seine Behandlung. Hogrefe, 1993

Vaughn et al.: The emergence and consolidation of self-control from eighteen to thirty months of age: Normative trends and individual differences. Child development, 55, 990–1004, 1994

Wender, P. H.: Aufmerksamkeits- und Aktivitätsstörungen bei Kindern, Jugendlichen und Erwachsenen. Ein Ratgeber für Betroffene und Helfer. Kohlhammer, 2002

Leben mit Teenies

Gertrud Teusen
Schlau machen statt dumm surfen
Wie Eltern die Medienkompetenz
ihrer Kinder fördern
144 Seiten | Paperback
ISBN 978-3-451-66023-8

Sylvia Schneider
Hilfe – Pubertät!
Fragen und Antworten
für Eltern
144 Seiten | Paperback
ISBN 978-3-451-66000-9

Gertrud Teusen
Wenn Kinder erwachsen werden
Die Kunst des Loslassens üben
128 Seiten | Paperback
ISBN 978-3-451-66031-3

Cordula Neuhaus
Jugendliche und junge Erwachsene mit AD(H)S
288 Seiten | Paperback
ISBN 978-3-451-66025-2

urania

www.urania-verlag.de

Besondere Herausforderungen

Joachim Armbrust
Warum Kinder Ängste haben
Kinderängste verstehen
und bewältigen
128 Seiten | Paperback
ISBN 978-3-451-66024-5

Gertrud Teusen
Trotzalarm
Anleitung zur Gelassenheit
128 Seiten | Paperback
ISBN 978-3-451-66017-7

Jeanette Stark-Städele
Mit AD(H)S erfolgreich lernen
Strategien und Methoden zur
Unterstützung
128 Seiten | Paperback
ISBN 978-3-451-66015-3

Andrea Christiansen
Lese- und Rechenkompetenz trainieren
Hilfe bei Legasthenie, LRS
und Dyskalkulie
128 Seiten | Paperback
ISBN 978-3-451-66016-0

urania

www.urania-verlag.de